Por que avaliar?
Como avaliar?

Dados Internacionais de Catalogação na Publicação (CIP)
(Câmara Brasileira do Livro, SP, Brasil)

Sant'Anna, Ilza Martins
   Por que avaliar? : como avaliar? : critérios e instrumentos / Ilza Martins Sant'Anna. 17. ed. – Petrópolis, RJ : Vozes, 2014.

   8ª reimpressão, 2024.

   ISBN 978-85-326-1426-1

   1. Avaliação educacional 2. Educação I. Título.

95-1460   CDD-370.783

Índices para catálogo sistemático:
1. Avaliação escolar : Educação   370.783

Ilza Martins Sant'Anna

Por que avaliar?
Como avaliar?

Critérios e instrumentos

Petrópolis

© 1995, Editora Vozes Ltda.
Rua Frei Luís, 100
25689-900 Petrópolis, RJ
www.vozes.com.br
Brasil

Todos os direitos reservados. Nenhuma parte desta obra poderá ser reproduzida ou transmitida por qualquer forma e/ou quaisquer meios (eletrônico ou mecânico, incluindo fotocópia e gravação) ou arquivada em qualquer sistema ou banco de dados sem permissão escrita da editora.

CONSELHO EDITORIAL

Diretor
Volney J. Berkenbrock

Editores
Aline dos Santos Carneiro
Edrian Josué Pasini
Marilac Loraine Oleniki
Welder Lancieri Marchini

Conselheiros
Elói Dionísio Piva
Francisco Morás
Gilberto Gonçalves Garcia
Ludovico Garmus
Teobaldo Heidemann

Secretário executivo
Leonardo A.R.T. dos Santos

PRODUÇÃO EDITORIAL

Aline L.R. de Barros
Marcelo Telles
Mirela de Oliveira
Otaviano M. Cunha
Rafael de Oliveira
Samuel Rezende
Vanessa Luz
Verônica M. Guedes

Conselho de projetos editoriais
Isabelle Theodora R.S. Martins
Luísa Ramos M. Lorenzi
Natália França
Priscilla A.F. Alves

Capa: Studio Graph-it

ISBN 978-85-326-1426-1

Este livro foi composto e impresso pela Editora Vozes Ltda.

Sumário

Apresentação, 7

Introdução, 13

PARTE I – CONCEITOS

O professor e a avaliação, 23

O aluno e a avaliação, 25

Definições de avaliação, 28

Modalidades de avaliação, 32

Funções da avaliação, 36

Tipos de avaliação, 40

Tipos de questão, 43

Critério de avaliação, 64

Elaboração e aplicação da prova objetiva, 67

Comparação entre dois tipos de prova, 74

Aspecto legal, 75

PARTE II – INSTRUMENTOS

Caracterização, 87

Conselho de classe, 87

Pré-teste, 93

Autoavaliação, 94

Avaliação cooperativa, 95

Observação, 99

Inquirição, 115

Relatório, 119

Plano de ação, 127

Conclusão, 130

Bilhete ao leitor, 131

Bibliografia, 133

Apresentação

A elaboração dos registros constantes no presente livro tem por meta:

1) Contribuir para eliminar ou, no mínimo, reduzir o fracasso escolar.

2) Conscientizar os professores da necessidade de substituírem os velhos hábitos, concernentes à avaliação, por modalidades essencialmente humanas.

A utilização de instrumentos docimológicos, isto é, de instrumentos que nos permitem atribuir um valor a um conhecimento adquirido e, concomitantemente, o estudo do comportamento de avaliadores e avaliados se tornam imprescindíveis para concretização do que nos propomos.

A avaliação escolar é o termômetro que permite confirmar o estado em que se encontram os elementos envolvidos no contexto. Ela tem um papel altamente significativo na educação, tanto que nos arriscamos a dizer que a avaliação é a alma do processo educacional. Não pretendemos abordar a validade da docismática ou da técnica dos exames, pois creio que isto já está comprovado. O que queremos é sugerir meios e modos de tornar a avaliação mais justa, mais digna e humana.

Queremos que a nota, o conceito, ou o parecer descritivo, sejam para o professor, para o aluno, para a escola, para os pais, indicadores de uma etapa vencida, de um progresso qualitativo e quantitativo de conhecimento.

A avaliação deverá revelar se o conteúdo sistematizado e a autoridade do saber do professor, no intercâmbio com a experiência de vida, o saber até então construído e a capacidade de construir conhecimento do aluno, atingiram o nível pretendido por ambos.

Nosso desejo é de que as cargas agressivas, que normalmente envolvem os participantes protagonistas do processo, se constituam por estímulos positivos, através dos constantes *feedbacks*, isto é, através das informações sucessivas esclarecedoras da validade e pertinência do conhecimento, adquirido ao longo da trajetória que antecede a avaliação somativa.

Não podemos negar que a ideia de prova está presente, mas cremos que isto não é propriamente um mal, desde que seja percebida como um estímulo para o progresso ou um indicador de que, não tendo ocorrido a aprendizagem, novas estratégias devem ser utilizadas.

As diferentes etapas da avaliação desempenham um papel decisivo e nenhuma delas exclui avaliador e avaliado do compromisso de ser o seu próprio agente de decisão e o responsável pelo processo educativo.

Num primeiro momento, nos deparamos com a avaliação prognóstica, onde deveremos detectar se o aluno se encontra na classe em que realmente deveria estar, ou seja, se sua bagagem de conhecimentos está adequada ao nível em que irá frequentar. Isto significa que o aluno deverá ter pré-requisitos para que tenha sucesso na etapa a qual vai cursar.

Após nos certificarmos ou confirmarmos os pré-requisitos, vamos averiguar qual a situação do aluno consigo próprio, com o grupo de trabalho, com classes paralelas, e assim sucessivamente em relação a conjuntos mais vastos.

A posição relativa determinada irá fornecer dados quanto à aprendizagem ocorrida, domínio de conteúdos e processos mentais; a isto chamamos de avaliação diagnóstica.

Certamente, nada de novo estamos acrescentando. Preocupados, ou melhor, desejosos de um progresso no campo da educação, repetimos certas ideias, na esperança de que, como conceitos significativos, sejam lembrados, analisados adequadamente e aplicados.

Quanto mais conscientes estiverem os educadores de suas tarefas, mais facilmente ocorrerão as mudanças de mentalidade e qualificações inerentes ao conhecimento, base para uma prática escolar libertadora.

Prática escolar libertadora

O que será isto? É exatamente o que você leu!

É uma prática em que o aluno é liberto das amarras. Amarras do medo de pensar, do medo de errar, do medo de ser, do medo de viver. É uma prática em que o educando não precisará mais se defender do professor e o professor rotular o aluno.

Os mecanismos de defesa destruidores do crescimento do aluno, como ser humano, estarão anulados, desintegrados. Haverá alegria em ensinar e em aprender. O professor será o melhor professor do universo e o melhor aluno do universo; o aluno, o melhor professor do universo e melhor aluno do universo. Os pais não terão medo de pedir ajuda ao professor e este terá humildade para admitir seus erros ou enganos e reformular seus conceitos.

Às vezes pensamos: Que notas seriam atribuídas a Van Gogh por seus professores? Principalmente por aqueles que só acreditavam na reprodução fiel do que entendiam por realidade?

Nossa intenção é alertar os colegas de que nem tudo pode ser medido, mas que tudo pode ser avaliado. Porém, que uma classificação ocorrerá conforme regras que deverão ser o mais logicamente aceitável e, mesmo assim, critérios pessoais estarão presentes.

No caso específico do rendimento escolar, é importante um reconhecimento sobre as notas ou escores atribuídos.

Escore seria o resultado alcançado num determinado teste objetivo ou outro tipo de avaliação por contagem ou descontagem de pontos segundo regras fixas.

Nosso objetivo não se constitui por um estudo sistemático do papel da avaliação na educação escolar, ou seja, elaborar uma doxologia, mas mesmo assim vimo-nos compromissados a reconhecer de sua necessidade e validade.

Dependendo da forma como são elaboradas as provas, ou testes, de como são aplicadas, do ambiente, do estado emocional dos alunos ou do professor, de como os alunos são solicitados a participar, do julgamento do professor, se constituirão numa arma altamente nociva. Quando aplicadas de forma contínua, com *feedbacks* permanentes, com caráter incentivador de etapas vencidas e indicador de novos horizontes ou de novas portas abertas, revestem-se de um estímulo para concretização do conhecimento e autorrealização dos envolvidos no processo.

Não temos dúvida alguma de que o estado emocional do aluno ou do professor, a clareza de como é redigida cada questão, a forma de análise dos resultados obtidos, a falta de conhecimento do mestre de como construir itens de acordo com os níveis mentais trabalhados e comprovar se o conteúdo da prova está de acordo com os objetivos, têm sido um dos grandes motivos do fracasso escolar.

Muitas vezes o professor introduz novos conhecimentos sem averiguar se os anteriores, e que são pré-requisitos para estudos subsequentes, foram aprendidos.

Estudos realizados por especialistas têm comprovado que a correção de um mesmo trabalho por diferentes professores recebe diferentes valores, o mesmo acontecendo se a correção for em dias diversos, embora feita pela mesma pessoa; uma ótima prova ou o inverso pode determinar divergência de grau se examinada posteriormente. Mesmo se tratando de uma área científica, critérios diferentes podem aprovar ou reprovar um educando.

Há professores que se orgulham de ser raladores; outros, ao contrário, de só atribuírem o grau máximo. Nenhuma das posições expressa a realidade. Deveriam se orgulhar, isto sim, de serem humanos e competentes em suas atribuições.

Enquanto a avaliação permanecer atrelada a uma pedagogia ultrapassada, a desistência ao estudo permanecerá, e o aluno, o cidadão, o povo brasileiro continuará escravo de uma elite intelectual, voltada para os valores da matéria, e ditadora, fruto de uma democracia opressora.

Ao concluir esta apresentação alertamos: o maior e melhor investimento que podemos fazer na vida é (entendemos vida e educação como elementos de um mesmo processo) investir na transformação da consciência, através da construção do conhecimento.

Desista de informar e enformar.

Liberte seu aluno, e se liberte com ele, da *escravidão* dos dados estatísticos. Nem tudo pode ser comprovado estatisticamente.

Ame a si próprio, ame seu aluno, ame seu trabalho. Acredite em si, acredite em seu aluno, acredite na educação.

Seu papel como mestre é educar, e educação é sinônimo de: fé, amor, sabedoria, ação, participação, construção, transformação, problematização, criação, realização.

Valorar faz parte da caminhada? Sim.

E rotular, estigmatizar, ferrar, marcar, massificar? Não.

Jamais esqueça de conjugar:

Eu sou, tu és, nós somos *humanos!*

Introdução

Justificativa

Trabalhar em prol da educação é a meta de todo mestre. Não fugindo à regra tomamos a decisão de, a partir de nossa vivência, propor caminhos para melhoria da avaliação nas escolas. Temos por objetivo instrumentalizar o professor em sua atividade docente, reapresentando as ferramentas já de seu conhecimento, levando-o, porém, a partir de uma visão ampla e ao mesmo tempo sintética, a refletir e selecionar alternativas que melhor se adequem às necessidades do grupo de trabalho.

Esperamos que o presente manual didático seja peça fundamental na oficina pedagógica de cada escola e que avaliar se torne, para professores e alunos, uma satisfação, uma gratificação, um impulso para novas buscas e realizações, e jamais motivos de frustrações e bloqueios do processo educacional.

Por que avaliar

Temos questionado centenas de professores sobre o tema avaliação; o mesmo procedimento tem sido tomado com alunos de diferentes níveis de ensino. Todos unanimemente concordam quanto a sua necessidade, mas ao mesmo tempo comentam sobre sua complexidade. Tanto educadores quanto educandos reconhecem o significado de valorar os resultados ou suas expectativas, seja qual for o aspecto da vida em que estejam envolvidos. Estamos empenhados em detectar quais as melhores razões que justificam a inclusão da avaliação na instituição escolar, e concluímos:

– A melhoria da instrução está condicionada a uma avaliação eficiente e eficaz da organização;

– O desenvolvimento pessoal só se concretizará se houver parâmetros que incentivem e motivem o processo de crescimento.

Como avaliar

É indispensável verificar a extensão das capacidades aprendidas, ou seja, confirmar a aprendizagem do estudante. Embora possamos contar com uma tecnologia avançada, ainda não podemos ter confiança absoluta nos processos de avaliação.

As diferenças individuais se fazem presentes e se faz necessário averiguar em que extensão cada indivíduo atingiu o objetivo estabelecido no início do planejamento, tendo-se por parâmetro o próprio indivíduo, e não suas dimensões em relação ao grupo.

A interação do educando com o grupo é fator primordial para que ocorra a aprendizagem. Não é fator preponderante, porém, para que se estabeleça um prognóstico avaliativo, sendo mesmo condenável estabelecer comparações do aluno com o grupo e não consigo próprio.

A avaliação dos resultados imediatos da aprendizagem devem ser expressos, segundo nossa reflexão crítica, por palavras que expressem amor, fé, incentivo, coragem, e não rótulos, agressões, muros, grilhões, prisões que impeçam o indivíduo de continuar aprendendo, criando, realizando, realizando-se.

A verificação dos resultados se processará através do maior número possível de testes, provas, inquirições, observações, autoavaliação, avaliação-cooperativa, *feedback* constante e tudo o mais que ocorrer ao professor que possa permitir um domínio do conhecimento pretendido. Mas tais resultados deverão ser expressos em unidades curtas e progressivas, através de palavras cujas conotações sejam iguais para aluno e professor e definam qual o melhor rumo a seguir em termos de ensino e aprendizagem.

Ao final de cada aula, de cada unidade, alunos devem perguntar: – O que aprendi hoje ou nesta semana? E o professor: – O que ensinei? A partir das respostas se constatará se houve caminhada ou se houve estacionamento. Creio ser muito importante o professor se perguntar: – Meu aluno aprendeu alguma coisa de útil? Meu aluno acrescentou um conhecimento novo a sua vida? Seus pais terão alguma coisa para me agradecer, e eu a eles, pela oportunidade que tive de ser útil, cumprindo minha missão?

Eu mudei alguma coisa? Meu aluno acrescentou algo de novo à sua bagagem de conhecimento? Esse questionamento deve ser feito a cada "agora" e, temos certeza, só assim estará havendo investimento na educação para a vida, ou melhor, na vida.

O professor precisa se convencer de que é um guia, não um carrasco, e ter humildade para admitir o que diz Carl Rogers: "Ninguém jamais ensinou nada a ninguém". O aluno é o agente de sua própria aprendizagem. Nenhum professor sabe tudo; ele deve ser grato às perguntas que o levam a descobrir as respostas juntamente com seus alunos.

O professor deve elogiar o aluno quando este obtiver sucesso na aprendizagem, e demonstrar interesse pelo aluno que não logrou êxito, incentivando-o e dando-lhe liberdade para que com outras alternativas obtenha o resultado certo. Ao agir assim estará demonstrando interesse pelo aluno, e isto o gratificará. Todos precisam de alguém que demonstre interesse por eles e oportunidade para manifestar o sentimento de realização.

O acerto é importante, mas o fracasso também. É preciso, no entanto, não cometer o mesmo erro duas vezes. Precisamos tirar vantagem de nossos erros, mas para isso é preciso estar livre para errar. O professor, marcando e criticando os erros, só estará reforçando-os. Sugerimos que destaque apenas os acertos e dê liberdade ao aluno de refazer as respostas em desacordo com os objetivos: só haverá realmente progresso se o aluno vir os resultados de seus esforços.

É preciso se usar menos a palavra *não* em sala de aula. A autoimagem só será melhorada se houver autoestima, se o professor orientar o aluno para que seus esforços redundem em êxito.

A desaprovação constante é a responsável pelo fracasso e evasão escolar. Nenhum grande cientista fez suas descobertas sem ter antes fracassado em centenas, talvez milhares de experimentos.

Avaliar significa atribuir algum valor, e não implica desvalorização.

É preciso acreditar no potencial do aluno e dar-lhe liberdade para aprender. Se o sábio italiano Galileu Galilei, no século XVI, desacreditado por seus colegas da Universidade de Pisa, não os desafiasse deixando cair dois corpos da Torre inclinada de Pisa, provando que uma pedra pesada e uma leve caíam no mesmo intervalo de tempo, não teríamos o marco que deu início à física moderna.

É preciso ter bem presente que problemas como dificuldade de aprendizagem, assimilação de conteúdos, timidez, medo do professor, dos pais, insônia causada pelos instrumentos de avaliação podem ser resolvidos se a linguagem da comunicação, tanto do sucesso como do insucesso escolar, for adequadamente usada. Não estou me referindo ao uso de pensamento positivo, embora não tenha nada contra; estou tentando enfatizar, isto sim, a necessidade de o educador conhecer e utilizar uma tecnologia de comunicação capaz de resultados condizentes com o seu comprometimento como profissional da educação.

É útil saber

Avaliar é:

1) Ver se valerá a pena!

2) Ver se vale a pena!

3) Ver se valeu a pena!

Avaliar não é rotular alguma coisa e muito menos alguém!

Avaliar é atribuir um valor!

Para avaliar podemos usar instrumentos que testem e/ou meçam, mas é muito mais do que atribuir um número, quantificar, pesar, qualificar e atribuir um valor quantitativo e/ou qualitativo; é, acima de tudo, confirmar a validade de um empreendimento. É constatar se a estratégia escolhida, na busca de algo, funcionou, era a mais adequada à situação e compensou, isto é, satisfez nossas expectativas.

Tudo na vida é avaliado, consciente ou inconscientemente; o perigo está em que os parâmetros sejam estabelecidos por terceiros, e não pelo próprio interessado.

É estranho, mas em pleno século XX há quem case com a pessoa que os pais querem, comam num restaurante a comida que outro escolheu, busquem uma profissão porque dá *status*.

Avaliar implica uma interação plena com a coisa desejada para assumi-la ou rejeitá-la.

Em se tratando de escola, o professor deverá utilizar instrumentos para que a interação entre aluno e objeto da aprendizagem se constitua vínculo ativo e reforçador de vivências experienciais. O produto, embora condicionado ao ritmo individual, deve ser um prêmio, uma gratificação para o agente da aprendizagem e também para o professor, sendo inclusive o motor de partida.

Comparando com um time de futebol ou qualquer outro esporte, o participante é avaliado individualmente e também a produtividade do grupo é considerada, incluindo-se o técnico responsável. O resultado determinará confirmação ou uso de novas estratégias. Ninguém é punido, mas todos são responsáveis pelo produto, seja para comemorar ou admitir a derrota, buscando novas alternativas, ou empenhando-se com mais intensidade no alcance do objetivo. Não se atribui nota ou conceito, apenas são emitidos pareceres.

Creio que a escola deverá se inspirar no exemplo e atribuir os resultados apenas respeitando algo como:

– Parabéns, você é um vitorioso;

– Parabéns, porém reveja tais conteúdos; ou,

– Você precisa retomar as metas estabelecidas. Conte comigo para ajudá-lo etc.

Cada caso é um caso, cada aluno um mundo, cada professor um mestre.

Vamos pensar sobre isto um pouco mais? Vamos tomar decisões?

Vamos fazer da avaliação um motivo de satisfação, de alegria?

Poucos educadores imaginam o que pode ocasionar o resultado de uma avaliação:

– Tenho conhecimento de adolescentes que se mataram por terem sido reprovados (no Brasil).

– No Japão a competição tem levado muitos escolares ao suicídio. É isto que desejamos?

– Tenho percebido que muitos professores aprovam alunos sem pré-requisitos, enquanto outros reprovam por décimos, alunos com embasamento.

Temos feito experiências com nossos alunos e, através de estagiários, com turmas e/ou alunos considerados irrecuperáveis, incompetentes etc.

Nós os convidamos a estabelecer um pacto. Os que aceitarem deverão observar os seguintes pressupostos:

1) Elogiar o aluno oralmente e por escrito toda vez que tiver sucesso num empreendimento.

2) Não ridicularizar o aluno que não logrou êxito e incentivá-lo a buscar outros meios de estudo, inclusive sugerindo estratégias alternativas.

Não conhecemos nenhum gênio que tenha realizado uma ou mais experiências e que tivesse atingido o objetivo sem dedicação e esforço.

Tomas Edison respondeu numa ocasião que ele não teve 999 fracassos antes de criar a lâmpada elétrica, que apenas teve 999 diferentes experiências, que foram excluídas da meta que buscava atingir.

3) Aluno e professor devem manifestar gratidão, agradecendo-se mutuamente.

4) Propiciar condições de alegria na realização das tarefas. Ao iniciar cada novo período de aula convidar os alunos para fazerem afirmações como:

• Sou filho de Deus;

• Sou inteligente;

• Estudo com alegria etc.

5) Procurar ver e conhecer o aluno como ser humano, enxergar sua essência, não sua aparência. A criança se torna aquilo que pensamos.

6) Deficientes podem aprender, apesar da limitação física. Logo, meus alunos podem muito mais. O sorriso, as palavras de amor melhoram as crianças.

7) Uma criança criada com crítica ou mentiras, também vai ser negativamente crítica e mentirosa.

8) O comportamento da criança vai ser o reflexo do lar e da escola.

9) Não há criança-problema, há pais-problema.

10) O mestre inteligente educa com amor, o tolo implanta a revolta com reclamações.

11) O importante não é a perfeição dos trabalhos, e sim a satisfação da consciência.

Tivemos inúmeros casos de alunos/mestres que superaram um problema ou aparente limitação de aprendizagem com a aplicação desta sistemática.

Houve uma ocasião em que uma aluna era rejeitada pela turma, pois só costumava assinar nos trabalhos de grupo. Por ser mãe de uma criança deficiente, sofria muito com isto. Conversamos com ela, dizendo-lhe: – Você está aqui e agora. Logo, decida-se: quer permanecer na sala ou voltar para casa? Corpo presente, mente ausente não servem para nada. Você se sente feliz sendo coitadinha? E assim por diante.

Falamos ao grupo para que distribuísse as tarefas de forma equitativa, e que cada um exigisse o máximo de si mesmo. Resultado: no momento da avaliação essa moça agradeceu à equipe de trabalho por ter sido útil, acreditando antes e acima de tudo em si própria.

Solicitamos voluntários para um projeto: "Adote um aluno". A criança adotada deveria demonstrar evidentes dificuldades de aprendizagem. Após observações para verificar sobre dificuldades auditivas, visuais, motoras, problemas de saúde, problema de dentes etc., para encaminhamento ao devido especialista, e constatando-se que as limitações eram mais de origem psicológica do que biológica, foram selecionados de 1 a 3 alunos para "afilhados".

Uma aluna-mestra escolheu um menino de 8 anos, cuja professora falava: este já perdeu o ano, ele não quer nada com nada; já falei com os pais, inclusive avisando que ele já está "rodado".

A coordenação pedagógica, a equipe de orientadores educacionais, todos tinham a mesma opinião que a professora.

A aluna começou ajudando-o nos deveres de casa. Depois elaborou com ele atividades de reforço, o que fazia inclusive em sua casa. As aulas eram realizadas em forma de jogos. Alguns passeios foram realizados como prêmio.

Cada vez que atingia uma meta, a criança era elogiada. Enfim, foi respeitada como ser humano, valorizada e amada como filho de Deus. O resultado foi surpresa para todos os que tinham convicção de sua derrota.

Este menino veio à faculdade onde trabalhamos. Foi uma das grandes gratificações que tivemos em nossa vida. Com os olhinhos brilhantes nos mostrou seu boletim. Nós o abraçamos e agradecemos a Deus pela alegria que ele sentia. Hoje fazemos um convite não a uma turma de alunos, mas a todos os que realmente se consideram educadores:

– Amem a seus alunos!

– Amem o seu trabalho!

– Amém a si próprios!

– Aprimorem cada vez mais suas palavras e atos e diga conosco: "Sou um vencedor".

PARTE I
Conceitos

O professor e a avaliação

O professor é um educador. Educação é um ato essencialmente humano.

O homem, porém, é um ser limitado, precisa do outro para viver, para se realizar, para construir um "mundo melhor", e este "mundo melhor" está condicionado aos valores da sociedade que o homem construiu e reconstrói permanentemente.

O educador será um agente produtivo e renovador se trabalhar com o aluno, de forma a desenvolver integralmente suas capacidades, acreditando na existência de uma vitalidade interior que se direciona para a criatividade.

É preciso, porém, admitir que a educação está relacionada às dimensões biológicas, psicológicas (cognitiva e afetiva), sociais e espirituais, e que estas não coabitam isoladamente, e sim de forma integrada, além de se manifestarem num fluxo global, somativo.

Queremos, com isso, dizer que a aprendizagem se processa por uma interação do indivíduo que aprende com o objeto a ser conhecido, o que ocorre pela ação do sujeito frente ao objeto.

Segundo Piaget, "não há operação sem cooperação", o que indica a importância da participação dos colegas e do professor como problematizador.

O professor organizará as situações de aprendizagem, oportunizando contato do aluno com o ambiente, de forma real, significativa. É preciso conhecer a clientela para utilizar técnicas de acordo com a realidade interna e externa do sujeito.

A isto chamamos construtivismo. A avaliação consistirá em estabelecer uma comparação do que foi alcançado com o que se pretende atingir. Estaremos avaliando quando estivermos examinando o que queremos, o que estamos construindo e o que conseguimos, analisando sua validade e eficiência (= máxima produção com um mínimo de esforço).

A avaliação nos dá resposta a estas perguntas:

– Os objetivos foram alcançados?

– O tempo previsto foi suficiente?

– O programa foi cumprido? (tarefa)

– Outros objetivos foram alcançados de maneira indireta?

O professor, ao avaliar, deverá ter em vista o desenvolvimento integral do aluno. Assim, comparando os resultados obtidos, ao final, com a sondagem inicial, observando o esforço do aluno de acordo com suas condições permanentes e temporárias, constatará o que ele alcançou e quais as suas possibilidades para um trabalho futuro.

A avaliação também tem como pressuposto oferecer ao professor oportunidade de verificar, continuamente, se as atividades, métodos, procedimentos, recursos e técnicas que ele utiliza estão possibilitando ao aluno alcance dos objetivos propostos.

Assim, o professor avalia a si, o aluno e, ainda, o processo ensino-aprendizagem.

Também ao aluno devem ser oferecidas oportunidades de avaliar, não somente a si, mas o trabalho do professor e as atividades desenvolvidas. Mas, para acreditarmos na presença do aluno no processo de avaliação precisamos também acreditar que sua ação será tanto mais produtiva quanto maior significação os objetivos tiverem para ele, levando-o a buscar meios de alcançá-los. Os alunos se sentirão estimulados para novas aprendizagens ao verificarem o alcance gradativo de seus objetivos.

Jersild (1965: 8-9) afirma que a "autocompreensão e a autoaceitação do professor constituem o requisito mais importante em todo o esforço destinado a ajudar os alunos a compreenderem-se e forjar neles atitudes sadias de autoaceitação".

Para tanto é necessário que o professor volte-se para dentro de si próprio, conhecendo-se, aceitando-se, observando: o "eu" que sou, o "eu" que gostaria de ser, o "eu" que pensam que sou.

A avaliação será bem-sucedida só após o professor eliminar seus preconceitos, distorções, temores, necessidades; só quando estiver em harmonia consigo mesmo, estabelecendo um clima de fé e confiança na realidade que o cerca e caminhar a passos firmes em direção a metas que serão atingidas através:

– "Da articulação de toda a vida escolar em torno da atividade dos alunos".

– Do privilegiar a evolução socioafetiva, caracterizada por uma progressão de estágios ou de etapas construtivas de sua personalidade (orientação pedagógica constantemente preocupada em reinventar a prática escolar à base da elucidação das necessidades próprias às crianças e, de maneira mais genérica, dos participantes de qualquer processo de formação).

– Do "favorecimento à constituição de diferentes grupos de trabalho, responsáveis coletivamente pela realização das tarefas escolares" *(Cuidado, Escola!* Paulo Freire, p. 112-114).

– Da avaliação formativa que terá por pressuposto o acompanhamento no processo de desenvolvimento em direção às metas previstas, com base na observação e reflexão crítica de novos desafios que serão oportunizados. Deverão sempre estar presentes no processo, professores e alunos, mais pais ou responsáveis, que através de uma participação ativa e diálogo permanente buscarão defender resultados condignos com a educação dos novos tempos.

O aluno e a avaliação

Será que o aluno reconhece para que serve a avaliação? Cremos que a percentagem das escolas que informa ao aluno seus objetivos dá para contar apenas usando os dedos das mãos. Isto é profundamente lamentável. Será que algum educador já foi encapuzado, obrigado a encontrar um caminho ou alcançar alguma coisa?

No entanto, o aluno, precisa, deve, é cobrado de coisas que desconhece, que não sabe para que servem e que servirão de prova de sua habilidade ou competência. Outro dia presenciei uma mãe falar: fulano, põe o casaco. O rapaz, de 17 anos, pergunta: – Por quê? – Porque eu estou com frio; põe logo senão vais pegar um resfriado. O esposo desta mesma senhora, alto funcionário, foi viajar e precisou telefonar para casa porque havia esquecido qual a camisa e a gravata que deveria usar no 3° dia. Sabem o que isto significa? Simplesmente que o professor, pais, escola, enfim, todos os responsáveis pela educação necessitam adotar métodos, tecnologias compatíveis com valores definidos que favoreçam o desenvolvimento pessoal.

Sérgio Kieling argumenta: "Toda sociedade humana depende da educação, assim como a educação depende de todas as dimensões do ser humano. O trabalho em educação, que queira atingir a profundidade a ponto de contribuir para uma transformação da sociedade, precisa levar em conta essa dimensão de totalidade. Recomendamos ao professor se basear no construtivismo em qualquer nível, desde o pré-escolar até a universidade".

Lembra Sérgio Franco que o construtivismo não é um método ou um conjunto de receitas para se dar aulas; é, sim, uma teoria científica que explica o processo do conhecimento do ser humano.

Jussara Hoffmann em sua obra *Avaliação. Mito & Desafio* afirma: "A função seletiva e eliminatória da avaliação é responsabilidade de todos! A avaliação, na perspectiva de uma pedagogia libertadora, é uma prática coletiva que exige a consciência crítica e responsável de todos na problematização das situações".

É fundamental ver o aluno como um ser social e político sujeito do seu próprio desenvolvimento. O professor não precisa mudar suas técnicas, seus métodos de trabalho; precisa, isto sim, ver o aluno como alguém capaz de estabelecer uma relação cognitiva e afetiva com o meio circundante, mantendo uma ação interativa capaz de uma transformação libertadora, que propicie uma vivência harmoniosa com a realidade pessoal e social que o envolve.

O aluno, a meu ver, é uma vítima.

Os professores, em sua maioria, cansados, carentes financeiramente, enfrentando uma fase de transição social da humanidade, não estão dispostos a arriscar e permitir ao educando caminhar com suas próprias pernas. Muitos mestres, se é que merecem este nome, usam a avaliação como uma ameaça e até se vangloriam de reprovar a classe toda, levando alunos e familiares ao desespero. Há professores radicais em suas opiniões – só eles sabem, o aluno é imbecil – cuja presença só serve para garantir o miserável salário do detentor do poder. Supondo que os alunos sejam realmente incompetentes, não deveriam ser encaminhados para especialistas em educação tomarem alguma providência?

Bem, uma coisa é certa, enquanto todos os dedos estiverem apontados para o aluno, apenas para condená-lo, classificá-lo, conscientizá-lo de sua derrota, a educação continuará tendo como produto uma sociedade e políticos da categoria que estamos vendo.

Afirmo, e não é exagero o que digo, tanto o que construímos até então pode nos destruir quanto o esforço para uma avaliação comprometida com uma pedagogia crítica e responsável de todos permitirá, com certeza, uma sociedade mais justa e um mundo bem melhor.

A avaliação só será eficiente e eficaz se ocorrer de forma interativa entre professor e aluno, ambos caminhando na mesma direção, em busca dos mesmos objetivos.

O aluno não será um indivíduo passivo; e o professor, a autoridade que decide o que o aluno precisa e deve saber. O professor não irá apresentar verdades, mas com o aluno irá investigar, problematizar, descortinar horizontes, e juntos avaliarão o sucesso das novas descobertas e, pelos erros, as melhores alternativas para superá-los.

Uma avaliação precisa se alicerçar em objetivos claros, simples, precisos, que conduzam, inclusive, à melhoria do currículo.

É preciso selecionar situações que oportunizem ao aluno demonstrar os comportamentos desejados. Por exemplo, há comportamentos que envolvem relações sociais, como participar de um trabalho de grupo de forma eficiente, ser capaz de ouvir a opinião de um colega ou solucionar um problema (através de um teste ou, por exemplo, aplicando informações e princípios já conhecidos, usando um dicionário, consultando uma lista telefônica etc.).

No caso de se perceber alguma dificuldade é preciso analisar suas causas dentro do esquema total do rendimento. A falha poderá estar na metodologia utilizada, mas poderá, também, estar em algum fator psicofísico ou outro qualquer (falta de tempo para estudar, desinteresse etc.).

É preciso, para realizar uma avaliação coerente com os objetivos educacionais, levar em consideração a necessidade de uma ação cooperativa entre os participantes do processo, uma ação coletiva consensual, uma consciência crítica e responsável de todos.

Definições de avaliação

> A avaliação educativa é um processo complexo, que começa com a formulação de objetivos e requer a elaboração de meios para obter evidência de resultados, interpretação dos resultados para saber em que medida foram os objetivos alcançados e formulação de um juízo de valor.
>
> (SARABBI, 1971)

> A avaliação é essencialmente um processo centralizado em valores.
>
> (PENNA FIRME, 1976, p. 17)

> O crescimento profissional do professor depende de sua habilidade em garantir evidências de avaliação, informações e materiais, a fim de constantemente melhorar seu ensino e a aprendizagem do aluno. Ainda, a avaliação pode servir como meio de controle de qualidade, para assegurar que cada ciclo novo de ensino-aprendizagem alcance resultados tão bons ou melhores que os anteriores.
>
> (BLOOM; HASTING & MADAUS)

> Avaliação em educação significa descrever algo em termos de atributos selecionados e julgar o grau de aceitabilidade do

que foi descrito. O algo, que deve ser descrito e julgado, pode ser qualquer aspecto educacional, mas é, tipicamente: (a) um programa escolar, (b) um procedimento curricular ou (c) o comportamento de um indivíduo ou de um grupo.

(THORNDIKE & HAGEN, 1960)

Avaliação significa atribuir um valor a uma dimensão mensurável do comportamento em relação a um padrão de natureza social ou científica.

(BRADFIELD & MOREDOCK, 1963)

Avaliação é o processo de delinear, obter e fornecer informações úteis para julgar decisões alternativas.

(Apud SILVA, 1977: 7)

É um processo contínuo, sistemático, compreensivo, comparativo, cumulativo, informativo e global, que permite avaliar o conhecimento do aluno.

(MARQUES, Juracy C., 1976)

Avaliação é a coleta sistemática de dados, por meio da qual se determinam as mudanças de comportamento do aluno e em que medida estas mudanças ocorrem.

(BLOOM et al)

Nas definições selecionadas sobre avaliação, constatamos a ênfase ao desempenho do aluno. Nosso pensamento é que, enquanto a avaliação estiver voltada exclusivamente para o aluno, isto é, enquanto não houver um despertar, uma conscientização da necessidade de uma nova metodologia para o aluno e inclusão da própria escola no processo, a qualidade do ensino permanecerá comprometida.

O I Simpósio Nacional sobre Avaliação Educacional, promovido pela fundação Cesgranrio e pela Associação Brasileira de Educação, ocorrido em setembro de 1993, concluiu: "Hoje não se tem mais dúvida de que o principal problema na escola de 1° grau é a repetência, e não a evasão", conforme afirma o pesquisador do Laboratório Nacional de Computação Científica Sérgio Costa Ribeiro. "O aluno acaba sendo o único responsável pelos maus resultados", complementa a diretora dos cursos de pós-graduação da Faculdade de Educação da UFRJ Thereza Penna Firme, uma das conferencistas e na minha opinião uma das maiores autoridades sobre o assunto.

Uma vez constatado este fator, desejamos reforçar nosso posicionamento esclarecendo que o professor e o pessoal da escola devem estar continuamente investigando as melhores situações de avaliação, as mais eficientes formas de coleta e sistematização dos dados, sua compreensão e utilização, bem como o processo mais eficiente de capacitação de professores em avaliação.

Conforme as definições expressas anteriormente, constatamos a unanimidade dos autores em considerá-la um processo, e consequentemente deve ser percebida como aquela condição que imprime dinamismo ao trabalho escolar, pois diagnostica uma situação e permite modificá-la de acordo com as necessidades detectadas. Uma das dificuldades, porém, relaciona-se com a ausência de orientações claramente explicitadas para elaboração de um programa de avaliação. Isto nos conduz a questões do tipo: O que deve ser avaliado? Quando fazer a avaliação? Quem deve fazer a avaliação? Que instrumental pode ser usado para coletar e registrar informações? O que se pode fazer com as informações obtidas? Sugestões em termos de soluções alternativas para ir ao encontro de tais questionamentos é o propósito de nosso trabalho. Procurando dar continuidade à interpretação das definições, desejamos enfatizar a diferença entre testar, medir e avaliar.

Muitos professores rotulam seus alunos dizendo: – Fulano ou Beltrano não têm capacidade. Ao observarmos a classe constatamos: todos os alunos são fisicamente normais. Não questiono o ritmo de aprendizagem de cada educando, e sim seu potencial. Inúmeras escolas para deficientes conseguem êxito quanto às aprendizagens a que se propõem, e nossos alunos que veem, ouvem e andam são inúmeras vezes reprovados. Será que realmente não têm capacidade? Um teste pode medir a capacidade do aluno? Creio que não. O teste é um instrumento através do qual podemos medir o rendimento de uma capacidade, mas não a capacidade em si. Testar significa verificar alguma coisa, através de situações previamente arranjadas, as quais denominamos testes. Os testes são instrumentos de medida. A partir da constatação de que, embora sendo ótimos instrumentos de verificação, os testes não satisfaziam a todos os propósitos da educação, novos instrumentos de medida foram buscados como: observação sistemática, escalas de classificação etc. Considerando que medir é determinar a extensão, as dimensões (régua), a quantidade (balanço), o grau ou capacidade de uma coisa ou objeto e em termos de ensino x aprendizagem, atribuição de valores segundo determinadas regras anteriormente estabelecidas nem sempre é possível; visto que o resultado de uma medida é sempre expresso em números e não por descrição, e que os resultados educacionais envolvem não só quantidade, mas qualidade, testes, e medidas passaram a não satisfazer como únicos instrumentos. Passou-se, então, a partir dessa constatação, a utilizar-se da *avaliação*.

Os resultados da avaliação são expressos em julgamentos, descrições e opiniões e se processam na interpretação dos resultados de testes e medidas. A ênfase em medida é na aquisição de conhecimentos ou em aptidões específicas e habilidades, enquanto a avaliação volta-se para as modificações que a aprendizagem provoca no educando e nos objetivos do programa educacional. Isto inclui não apenas conhecimento do conteúdo da matéria, mas também atitudes, interesses, ideias, hábitos de trabalho, modo de pensar e agir, bem como adaptação social.

Concluímos: Avaliação é um processo pelo qual se procura identificar, aferir, investigar e analisar as modificações do comportamento e rendimento do aluno, do educador, do sistema, confirmando se a construção do conhecimento se processou, seja este teórico (mental) ou prático.

"Avaliar é conscientizar a ação educativa." As definições levam-nos a concluir da importância da avaliação no sistema escolar, pois é através da mesma que o professor e a escola verificarão se os objetivos do ensino e do sistema foram alcançados.

Constatamos também que, como processo, apresenta características de continuidade, temporalidade, totalidade, organicidade e orientação para fim, ou seja, fundamenta-se em pressupostos como:

- É dinâmica: não é estática.
- É contínua: não é terminal.
- É integrada: não é isolada do ensino.
- É progressiva: não é estanque.
- É voltada para o aluno: não para os conteúdos.
- É abrangente: não restrita a alguns aspectos da personalidade do aluno.
- É cooperativa: não realizada somente pelos professores.
- É versátil: não se efetiva sempre da mesma forma.

Modalidades de avaliação

Segundo Bloom, conforme as funções que desempenha, classifica-se a avaliação em três modalidades:

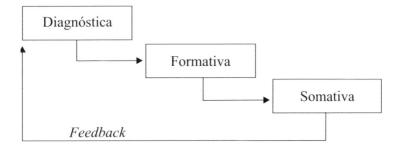

Diagnóstica

Visa determinar a presença ou ausência de conhecimentos e habilidades, inclusive buscando detectar pré-requisitos para novas experiências de aprendizagem. Permite averiguar as causas de repetidas dificuldades de aprendizagem.

A partir de uma avaliação diagnóstica segura, providências para estabelecimento de novos objetivos, retomada de objetivos não atingidos, elaboração de diferentes estratégias de reforço (*feedback*), levantamento de situações alternativas em termos de tempo e espaço poderão e deverão ser providenciados para que a maioria, ou quem sabe todos os estudantes aprendam de modo completo as habilidades e os conteúdos que se pretenda ensinar-lhes.

A autoavaliação deverá estar presente, inclusive neste momento.

Acreditamos, inclusive, que esta deverá ser utilizada do 1º ao 3º grau. Atualmente esta tem sido pouco explorada, e quando utilizada a tendência é de que alunos brilhantes se atribuem graus menos elevados do que aqueles que não adquirem o conhecimento ou habilidade almejada.

Autoavaliação deve ser uma aprendizagem já explorada nas séries iniciais para que, através da educação, o aluno seja capaz de parar, pensar, concluir e continuar a escalada do conhecimento com pés firmes, consciência tranquila e garantindo seu próprio progresso. Afirma-se que o educando é o sujeito, e não o objeto da ação educativa; no entanto, ele próprio não participa do processo de sua avaliação, apenas recebe, direta ou indiretamente, o resultado de sua vitória ou fracasso.

É-lhe comunicada apenas a sentença final.

O diagnóstico se constitui por uma sondagem, projeção e retrospecção da situação de desenvolvimento do aluno, dando-lhe elementos para verificar o que aprendeu e como aprendeu. É uma etapa do processo educacional que tem por objetivo verificar em que medida os conhecimentos anteriores ocorreram e o que se faz necessário planejar para selecionar dificuldades encontradas.

Alunos e professores, a partir da avaliação diagnóstica de forma integrada, reajustarão seus planos de ação.

Esta avaliação deverá ocorrer no início de cada ciclo de estudos, pois a variável tempo pode favorecer ou prejudicar as trajetórias subsequentes, caso não se faça uma reflexão constante, crítica, participativa.

Formativa

É realizada com o propósito de informar o professor e o aluno sobre o resultado da aprendizagem, durante o desenvolvimento das atividades escolares. Localiza deficiências na organização do ensino-aprendizagem, de modo a possibilitar reformulações no mesmo e assegurar o alcance dos objetivos.

É chamada formativa no sentido que indica como os alunos estão se modificando em direção aos objetivos.

Para que se processe a avaliação formativa deve-se observar:

1) Seleção dos objetivos e conteúdos distribuídos em pequenas unidades de ensino. As unidades previstas deverão contar com a participação dos alunos. O aluno deverá não apenas conhecer, mas ver os objetivos, para que se engaje no processo.

2) Formulação de objetivos com vista à avaliação em termos de comportamento observáveis, estabelecendo critérios de tempo, qualidade e/ou quantidade.

3) Elaboração de um quadro ou um esquema teórico que permita a identificação das áreas de maiores dificuldades.

4) Correção de erros e insuficiências para reforço dos comportamentos bem-sucedidos e eliminação dos desacertos, assegurando uma ótima sequência do ensino-aprendizagem *(feedback* de ação).

5) Seleção adequada de alternativas terapêuticas para ajudar o aluno a se recuperar de alguma insuficiência no processo ensino-aprendizagem. Ex.: utilização de estudos dirigidos que propicie revisão de pré-requisitos. Organização de grupos de monitoria para assessoramento e elaboração de atividades de reforço, etc.

6) Conforme Erica Grassau, para que se processe a avaliação formativa devemos:

a) Saber o que se quer avaliar e para que servem os resultados.

b) Obter as evidências que descrevem o evento que nos interessa.

c) Estabelecer os critérios e os níveis de eficiência para comparar os resultados.

d) Emitir um juízo de valor que sirva de base para ações futuras (GRASSAU, 1975: 29).

A mesma autora apresenta as tarefas que devem ser desencadeadas para que o processo formativo ocorra:

1) Especificar o que deseja avaliar e a razão por que se avalia.

2) Determinar os objetivos que se deseja alcançar.

3) Selecionar as variáveis relevantes para se obter uma informação objetiva.

4) Traduzir os objetivos educacionais e estabelecer critérios para se emitirem juízos valorativos.

5) Construir instrumentos para obter as informações.

6) Fixar uma amostra que servirá de base para obter as informações relevantes.

7) Processar e analisar os dados coletados para obter informações que permitam um diagnóstico do que desejamos avaliar.

8) Tomar decisões para executar a ação desejada (GRASSAU, 1973: 30).

Somativa

Sua função é classificar os alunos ao final da unidade, semestre ou ano letivo, segundo níveis de aproveitamento apresentados.

Segundo Bloom et al., a avaliação somativa "objetiva avaliar de maneira geral o grau em que os resultados mais amplos têm sido alcançados ao longo e ao final de um curso".

No momento atual a classificação do aluno se processa segundo o rendimento alcançado, tendo por parâmetro os objetivos previstos.

Nossa opinião é de que não apenas os objetivos individuais devam servir de base, mas também o rendimento apresentado pelo grupo.

Por exemplo, se em número x de questões a classe toda ou uma percentagem significativa de alunos não corresponde aos resultados desejados, esta habilidade, atitude ou informação deveria ser desconsiderada e retomada no novo planejamento, pois ficou constatado que a aprendizagem não ocorreu.

Concluindo, a classificação deve se processar conforme parâmetros individuais e grupais.

Funções da avaliação

Tomando por base a definição de J.L. Mursell, "a avaliação é um sistema intencional e discriminatório de verificação que tem por objetivo tornar a aprendizagem mais efetiva", concluímos que esta, como processo, objetiva melhorar a aprendizagem; a validade deste posicionamento, embora parcial, é significativa quanto à ênfase dada à avaliação como processo educativo.

A importância da avaliação, bem como seus procedimentos, têm variado no decorrer dos tempos, sofrendo a influência das tendências de valoração que se acentuam em cada época, em decorrência dos desenvolvimentos da ciência e da tecnologia.

Considera-se a avaliação dos resultados do ensino-aprendizagem de grande relevância porque permite:

1) oferecer informações fundamentais para o processo de tomada de decisões quanto ao currículo;

2) melhorar o processo ensino-aprendizagem.

Segundo Robert Stalze (1967), a avaliação educacional tem seu aspecto formal e informal.

O aspecto informal se evidencia em sua dependência aos objetivos implícitos, as normas intuitivas e julgamentos subjetivos; o aspecto formal, por sua vez, decorre de objetivos bem formulados, de comparações controladas de instrumentos fidedignos.

Um programa de avaliação se constitui por funções gerais e específicas.

São funções gerais da avaliação:

1) fornecer as bases para o planejamento;

2) possibilitar a seleção e a classificação de pessoal (professores, alunos, especialistas etc.);

3) ajustar políticas e práticas curriculares.

São funções específicas da avaliação:

1) facilitar o diagnóstico;

2) melhorar a aprendizagem e o ensino (controle);

3) estabelecer situações individuais de aprendizagem;

4) interpretar os resultados;

5) promover, agrupar alunos (classificação).

Segundo Cook, 1961, essas funções estão intimamente relacionadas às funções primordiais da educação, que são a integrativa e a diferenciada.

Quando cumpre a educação sua função integrativa, busca tornar as pessoas semelhantes em ideias, valores, linguagem, ajustamento intelectual e social. Unifica e dá coesão ao grupo. Em sua função diferenciada, no entanto, visa a salientar as diferenças individuais, preparar as pessoas segundo suas competências particulares, formando-as para profissões e atividades específicas.

Para uma visualização mais clara do processo, observemos o quadro a seguir:

FUNÇÕES DA AVALIAÇÃO

"Avaliação é a sistemática de dados por meio da qual se determinam as mudanças de comportamento do aluno e em que medida estas mudanças ocorreram." (Bloom 1971)

	Diagnóstica	Formativa	Classificatória
Propósitos	– Determinar a presença ou ausência de habilidades e/ou pré-requisitos. – Identificar as causas de repetidas dificuldades na aprendizagem.	– Informar professor e aluno sobre o rendimento da aprendizagem durante o desenvolvimento das atividades escolares. – Localizar deficiências na organização do ensino de modo a possibilitar reformulações no mesmo e aplicação de técnicas de recuperação do aluno.	– Classificar os alunos ao fim de um semestre, ano ou curso, segundo níveis de aproveitamento.
Objetos de Medida	– Comportamento cognitivo e psicomotor.	– Comportamento cognitivo, afetivo e psicomotor.	– Geralmente comportamento cognitivo, às vezes comportamento psicomotor e ocasionalmente comportamento afetivo.
Época	– No início de um semestre, ano letivo ou curso. – Durante o ensino, quando o aluno evidencia incapacidade em seu desempenho escolar.	– Durante o ensino.	– Ao final de um semestre, ano letivo ou curso.
Instrumentos	– Pré-teste. – Teste padronizado de rendimento. – Ficha de observação. – Instrumento elaborado pelo professor.	– Instrumentos especificamente planejados de acordo com os objetivos propostos.	– Exame, prova ou teste final.

Embora nos pareça desnecessário, registramos alguns esclarecimentos sobre o referencial teórico proposto por Bloom.

1) *Função diagnóstica objetiva*

a) Verificar se o aluno apresenta ou não determinados conhecimentos ou habilidades necessários para aprender algo novo (pré-requisitos).

b) Identificar, discriminar, caracterizar as causas determinantes das dificuldades de aprendizagem ou essas próprias dificuldades para uma prescrição.

c) Comprovar as hipóteses sobre as quais se baseia o currículo.

d) Obter informações sobre o rendimento do aluno.

2) *Função formativa ou de controle*

a) Informar o aluno e o professor sobre os resultados que estão sendo alcançados durante o desenvolvimento das atividades.

b) Melhorar o ensino e aprendizagem.

c) Localizar, apontar, discriminar deficiências, insuficiências, no desenvolvimento do ensino-aprendizagem para eliminá-las.

d) Propiciar *feedback* de ação (leituras, explicações, exercícios etc.).

3) *Função classificatória*

a) Classificar o aluno segundo o nível de aproveitamento ou rendimento alcançado.

b) Buscar uma consciência coletiva quanto aos resultados alcançados. (Temos certeza de que as solicitações ou situações de aprendizagem não se limitaram a exigências de memorização e reprodução de dados pelo aluno?)

As lacunas de aprendizagem realmente desapareceram? A construção do conhecimento de fato ocorreu?

A confirmação positiva a estes questionamentos nos leva a expectativas realmente gratificantes.

Tipos de avaliação

AVALIAÇÃO DE CONTEXTO
(Decisões de planejamento)

Analisando o contexto devemos ter em mente o tipo de profissional que queremos formar: pessoa capacitada a suprir as necessidades e esforços de desenvolvimento.

Na avaliação de contexto devemos observar os seguintes padrões:

1) caracteriza a instituição;

2) caracteriza a comunidade;

3) identifica necessidades, problemas;

4) estabelece objetivos fundamentais e metas a serem perseguidas;

5) identifica dados como: "o que é" e o "que deveria ser", "onde estamos" e "onde desejamos estar";

6) permite o conteúdo, que sejam alcançados os objetivos propostos;

7) há coerência entre os objetivos estabelecidos e a realidade;

8) reage à pressão externa e à oportunidade para mudança;

9) caracteriza o tipo de aluno.

AVALIAÇÃO DE INSUMO
(Decisão de estruturação)

O insumo constitui-se de todos os meios disponíveis e utilizáveis, tendo por finalidade atingir os objetivos do programa.

Baseia-se nos seguintes padrões:

1) mostra como usar recursos para atingir metas;

2) detalha o corpo docente e discente;

3) prevê grupos eventuais de especialistas e representantes comunitários, visitas, consultas, conferências;

4) prevê aperfeiçoamento pessoal e profissional de professores;

5) elabora estratégias e planos operacionais detalhados;

6) prevê especificação de evidências que atestarão se os objetivos foram alcançados;

7) determina técnicas e recursos a serem utilizados em cada atividade e em cada tarefa para alcance dos objetivos;

8) prevê a oportunidade de atingir metas em função de recursos humanos e materiais;

9) analisa como atingir produtos finais desejados;

10) especifica detalhadamente o planejamento em operações diárias;

11) especifica materiais, equipamentos, cronogramas, organização, controle, pessoal para atingir determinada meta;

12) decide se uma meta é atingível e legal;

13) emprega testes, questionários;

14) planeja aperfeiçoar o programa

AVALIAÇÃO DE PROCESSO
(Decisão de implementação)

O processo ou implementação é toda engrenagem que aciona a formação do produto através de adequadas estratégias de procedimento e sua implantação; provê informação para decisões programadas e mantém registro do procedimento tal como ele ocorre.

Para a avaliação do processo são indicados os padrões a seguir:

1) prevê desenvolvimento e aperfeiçoamento contínuo do currículo;

2) prevê ou detecta defeitos na estratégia de procedimento ou na sua implantação;

3) provê realimentação para as pessoas responsáveis pela implementação;

4) mantém um registro de procedimento à proporção que eles ocorrem;

5) detecta dificuldades encontradas no desempenho das atividades de procedimento;

6) emprega a avaliação continuamente durante o período de implementação;

7) auxilia na interpretação dos resultados;

8) a informação é delineada, obtida, registrada e relatada tão frequentemente quanto desejada;

9) envolve aperfeiçoamento efetivo e constante dos planos de avaliação.

AVALIAÇÃO DO PRODUTO
(Decisões de reciclagem)

Produto é o fim alcançado e revela mudanças efetuadas.

Ao descrever o produto é necessário ver se ele corresponde à realidade do que se propunha em termos de objetivos para suprir as necessidades e esforços de desenvolvimento.

Em termos de qualidade e quantidade devem ser mensurados os conhecimentos, as habilidades, as condutas e as destrezas requeridas do educando para atender o processo de desenvolvimento.

Para avaliação do produto são propostos os seguintes padrões:

1) a avaliação é objetiva e compreensiva;

2) mede e interpreta os resultados;

3) fornece contribuição efetiva ao desenvolvimento pessoal e social;

4) usa padrões previamente estabelecidos para comparar os resultados obtidos;

5) relaciona resultados com os objetivos, bem como com a política educacional vigente;

6) aponta os desvios que possam prejudicar a eficiência do produto desejado;

7) abre perspectivas para, em tempo, consertar os aspectos falhos;

8) fornece critérios para a identificação do desenvolvimento de habilidades fundamentais, de conhecimentos gerais ou específicos e de modificação positiva de atitudes.

Tipos de questão

Aspectos gerais

O professor deve ter presente que ele é apenas o organizador da aprendizagem; e para isso é indispensável que haja uma relação interpessoal harmoniosa entre sua pessoa e o educando. O ensino é a implementação das interações interpessoais que facilitam a aprendizagem. A premissa básica de Rogers em relação à sala de aula baseia-se na confiança no estudante.

A avaliação, quer seja feita através de testes ou provas ou por ambos, deve realizar-se numa atmosfera que permita o crescimento do aluno, e não a criação de bloqueios. A própria limitação será melhor constatada quando a estrutura e organização da aprendizagem for feita num ambiente completamente livre de ameaça.

Os testes e provas devem se constituir por elementos que confirmem os objetivos do aluno, e se ele aprendeu o que queria aprender. Uma pessoa aprende significativamente aquelas coisas que ela percebe e estão envolvidas na conservação, na intensificação e na estrutura do *eu*.

O professor, ao utilizar a avaliação como um recurso para o educando verificar seu crescimento, estará permitindo o aluno a se tornar um aprendiz crítico capaz de avaliar as contribuições feitas pelos outros; estará oportunizando ao aluno conhecimentos relevantes para a solução de problemas; estará oferecendo condições para o aluno ser criativo e livre, além de capaz em suas iniciativas e responsável por suas ações.

Questões dissertativas

Constituem-se por descrições livres, isto é, o aluno pode responder com suas próprias palavras as questões propostas.

"O termo dissertação (ou ensaio) implica uma resposta escrita, cujo tamanho varia de uma ou duas frases a algumas páginas" (LINDMAN, 1972: 65).

O fato de expressar-se livremente não impede objetividade na resposta.

As questões dissertativas podem ser elaboradas de forma a desenvolver no aluno, entre outros, níveis de pensamento que envolvam processos mentais como:

Categoria	Subcategoria	Caracterização
1) Aquisição de conhecimentos	1.1) Reconhecimento	Em face de um *estímulo* específico, há *identificação* e *seleção* da resposta correta.
	1.2) Evocação	Em face de um estímulo específico há *reprodução seletiva* em direção à resposta correta.
2) Estabelecimento de relações entre elementos cognoscitivos e experienciais	2.1) Associação	O indivíduo estabelece *conexões* entre os elementos dados.
	2.2) Comparação	O indivíduo *discrimina* elementos de um conteúdo dado, estabelecendo semelhanças e diferenças.
3) Aplicação e conhecimentos	3.1) Transposição	O indivíduo reorganiza o conteúdo estudado e *aplica* princípios, conceitos, fórmulas em situações concretas e particulares.
	3.2) Explicação	O indivíduo reorganiza o conteúdo estudado, tratando da *ordenação conceptual* do fenômeno ou ideias, *sustentação ou apoio* de afirmativas.
4) Generalização de conhecimentos	4.1) Integração e síntese	O aluno reorganiza o conteúdo, envolvendo também suas experiências, e *produz*, uma *nova estrutura* até o momento não claramente percebida.
	4.2) Expansão	O aluno reorganiza o conteúdo, *ampliando ou explorando* novas associações.
	4.3) Predição	O aluno reorganiza o conteúdo, *deduzindo* consequências, hipóteses, proposições. Há um direcionamento, uma seleção de alternativa que encaminhe à solução do problema proposto.

Quadro de referências teóricas organizado pela professora Louremi Ercolani Saldanha (1972), adaptado pela professora Marilu Fontoura de Medeiros (*Planejamento e organização do ensino*, p. 11).

Observação: Este quadro, entre outros objetivos, visa:

1) Orientar na organização de experiências de aprendizagem.

2) Embasar a elaboração de instrumentos de medida, capazes de dizer a verdadeira situação do aluno, nos diferentes momentos da aprendizagem.

Considerações básicas

1) *Aquisição de conhecimentos*

O professor pedirá ao aluno que registre um número x de conceitos, princípios ou generalizações. Esta categoria exigirá apenas memorização (evocação). Ex.: Registre 5 motivos que considere significativos para que as pessoas não fumem. (É evidente que a solicitação ocorrerá após um estudo sobre a questão apresentada.)

2) *Estabelecimento de relações* entre elementos cognoscitivos e experienciais. Ex.:

a) *Associação*: Agora que já estudou o descobrimento do Brasil e o descobrimento da América, gostaria que associasse 4 elementos comuns entre ambos. O aluno poderá, entre outras alternativas, responder:

– Ambos são descobrimentos.

– São resultados das novas invenções.

– Seus descobridores buscavam o caminho para as Índias.

– Os dois descobrimentos proporcionaram à Europa um novo centro de matéria-prima.

b) *Comparação*: Registre 3 semelhanças e 3 diferenças constatadas entre o descobrimento do Brasil e o da América. O aluno poderá citar 3 elementos, como os citados no item anterior, e acrescentar:

– O descobrimento da América partiu da iniciativa privada (povo); o do Brasil teve auxílio da Coroa portuguesa.

– O descobrimento da América foi casual.

– O descobrimento do Brasil foi intencional.

3) *Aplicação de conhecimentos*

a) *Transposição*: Elabora um plano de unidade para uma classe de 3ª série do primeiro grau, tendo como foco "As estações do ano".

b) *Explicação*: Ex.: Nina é professora, seus alunos, porém, carecem de hábitos de leitura. Explique como auxiliaria Nina a resolver o problema.

c) *Interpretação*: A interpretação refere-se à generalização que podemos fazer a partir de descrições. Interpretar é acrescentar sentido, preencher os vazios, ampliar o conteúdo. Ex.: O professor distribui aos alunos textos, depois pede que eles interpretem os vários processos de pensamento. O aluno amplia conforme sua capacidade intelectual. Isso é o que chamamos processos mentais elevados. Dessa forma o aluno dá sua contribuição ao que foi apresentado, não apenas reproduz um material que recebe.

4) *Generalização de conhecimentos*

a) *Integração e síntese*: O aluno apresenta de forma condensada o núcleo de um assunto, isto é, sem perda de aspectos importantes. Não existe apenas uma forma de resumir; podemos começar pela enumeração de ideias mais importantes, e após descrever rapidamente cada uma delas. Alguns alunos parecem encontrar dificuldade para se comunicar de forma resumida. Podemos ajudá-los mostrando-lhes como devem esquematizar aquilo que vão dizer ou escrever (indicar as grandes ideias ou conceitos importantes, e depois falar a respeito de cada um). O parágrafo final pode apresentar as ideias principais. O resumo deve discernir e avaliar o que é significativo e o que não é. Ele exige integração e síntese de aspectos importantes.

A quantidade é usualmente determinada pelo objetivo do resumo.

Dar títulos é uma forma de resumir. Por exemplo: o professor lê um documento histórico e pede aos alunos um título adequado.

Outra forma de resumir poderá ser: ler uma série de afirmações dadas, observar as relações existentes entre elas e destacar a ideia central.

Síntese: O professor distribui textos e pede aos alunos que elaborem um ensaio sobre a religião egípcia, por exemplo.

O trabalho deve apresentar um exame sobre os tipos de culto feitos na época, os deuses, os templos e a influência que a religião causava no povo. Se o aluno se posicionar a favor ou contra algum aspecto abordado deverá fundamentar sua tese com os mais importantes argumentos dos textos distribuídos. No desenvolvimento só deverão ser usados argumentos favoráveis à posição tomada.

Eles deverão ser lógicos, claros e adequados ao público a que se destinam.

Este exercício é classificado como um trabalho de síntese porque o aluno deve realizar uma nova organização de ideias.

b) *Expansão*: Nesta categoria de processo mental o aluno poderá ser solicitado para fazer interpretações de um fato, isto é, ser-lhe-ão oferecidas condições para dar ou negar sentido às experiências ou explicar o significado daquilo que perceber diante de um determinado fato.

c) *Predição*: Colocamos nesta categoria atividades que desenvolvem o pensamento, como: crítica, suposição, imaginação, obtenção e organização de dados, hipótese, aplicação de fatos e princípios a novas situações, solução de problemas, decisão.

• *Crítica*

Criticar será o mesmo que fazer julgamentos, avaliar e analisar.

Kritikos vem do grego e significa habilidade para julgar.

Julgar, por sua vez, entendemos como chegar a um padrão ao qual escolhemos ou através do qual fazemos uma classificação num contínuo de superioridade-inferioridade ou adequação-inadequação.

Criticar não se constitui em uma simples afirmação de impressões. Ao criticarmos nos embalamos em padrões que estão implícitos em nossas proposições – devemos sempre ter uma base padrão que se constitui de modelos através dos quais faremos o julgamento. É preciso entendermos que criticar não é ver os defeitos ou censurar o próximo; criticar é acima de tudo examinar as qualidades do que se está estudando, eliminando-se defeitos ou limitações. A crítica deve ser acompanhada de provas que confirmem os comentários feitos.

É aconselhável aceitar críticas de crianças, bem como levá-las a refletir sobre os comentários críticos que fizeram. Isto as levará a aprender que devem ter uma base para aquilo que dizem.

Podemos pedir ao aluno que critique:

1) estórias;

2) programas de rádio;

3) peças teatrais assistidas;

4) programas de TV;

5) quadros observados;

6) disciplina na sala de aula;

7) organização do recreio;

8) descrições;

9) notícias de jornal;

10) livros, textos etc.

Sugestão: Após ler o texto sobre: ...apresente um posicionamento crítico considerando:

a) argumentos do autor;

b) suposições do autor;

c) perguntas decisivas;

d) avaliação geral do argumento.

• *Suposição*

Constitui-se pela aceitação de alguma coisa sem discussão, quer seja provavelmente verdadeira ou falsa. Uma suposição pode ser verdadeira ou provavelmente verdadeira ou, ao contrário, provavelmente falsa ou mesmo falsa. Por não termos certeza precisamos "supor", sem confirmação dos fatos.

Sugestão de atividades:

1) Leia o pensamento seguinte e enumere as suposições necessárias para que a afirmação possa ser considerada certa ou provavelmente certa.

"Se atravessarmos nossas vidas convencidos de que a nossa é a melhor forma de agir no mundo, vamos acabar deixando passar todas as novas ideias que aparecerem diariamente" (Akio Morita).

2) Responda à pergunta seguinte, indicando no mínimo três suposições.

"Se você pudesse refazer a história, você acredita que teria sido melhor um plebiscito para decidir sobre a reforma atual do ensino?"

• *Imaginação*

Imaginar é criar uma ideia sobre alguma coisa que não esteja presente ou cuja percepção não foi mentalmente percebida, na sua totalidade.

A imaginação ocorre em todas as áreas, isto é, afetiva, cognitiva ou psicomotora; sua exploração ocorre com mais frequência no campo da música, da arte, do teatro, da economia doméstica, do que na própria ciência. No ensino é onde menos temos confirmado sua presença. O professor deveria usar estímulos para liberar a imaginação e a capacidade inventiva do aluno. Problemas solucionados com métodos diferentes, novas formas de fazer as coisas antigas deveriam ser exploradas pelos professores.

Sugestões de atividades:

1) Imagine que estamos no ano 3000. Você é um presidente. Como organizaria seu governo?

2) Registre como organizaria um dia de sua vida para o próximo mês, caso tivesse os equipamentos mais sofisticados e perfeitos para que fosse o dia mais feliz de sua vida.

3) Você é um cientista e fez uma grande descoberta. Descreva-a, falando sobre seu invento e utilidade.

4) Você é responsável pelo departamento de vendas de uma grande loja. O que fará para aumentar as vendas?

• *Obtenção e organização de dados*

Coletar e organizar dados propiciam desafio ao pensamento. Coletar informações e organizá-las segundo determinados critérios favorece o desenvolvimento de habilidades mentais. As atividades com esta finalidade podem ser feitas individualmente ou em grupo e podem ser processadas por meio de consultas a determinadas obras, pesquisa de campo, entrevistas, questionários. A organização dos dados pode ser cronológica ou conforme outro critério selecionado. Raths aconselha o trabalho independente, ou seja, aquele que começa com a curiosidade, as perguntas e a busca; segundo ele, a tendência é dar informação ao aluno e pedir-lhe que assimile essa informação. É aconselhável que o professor auxilie, principalmente se forem alunos de 1° grau, na organização, planejamento, ordenação lógica ou sequência da informação.

Sugestões de atividades dissertativas:

1) Solicite ao aluno que elabore um planejamento para a realização de uma gincana, ou festa, passeio, campeonato etc.

2) Solicite às crianças pesquisas sobre vultos, fatos históricos, descobertas científicas. Para tal pode-se orientar a criança para que elabore um esquema para a execução da tarefa.

3) Segundo Raths, o professor pode pedir à criança que verifique, por exemplo, como se obtém a água usada em sua comunidade.

• *Hipótese*

"É uma proposição apresentada como possível solução para um problema. E um guia para tentar a solução de um problema. É uma solução provisória e representa um palpite."

Os palpites ou ideias que são apresentados para solução de um problema denominamos hipóteses; o desenvolvimento dessa habilidade desenvolve a capacidade de adquirir segurança diante de situações novas de vida.

Propiciar aos alunos experiências com a aplicação dessa operação mental é a forma de ajudá-los nas várias maneiras para redução de um problema. A hipótese é geralmente seguida de uma frase que diz: Se... então... Se algo for feito, então logo acontecerá. Ex.: Se os alunos trabalham em silêncio, o rendimento será maior na aprendizagem. (As variáveis são trabalho em silêncio e rendimento da aprendizagem.)

Com crianças menores o professor não deverá usar o vocábulo hipótese, substituindo-o por palavras mais simples como: palpites, sugestões, ideias etc. Exemplos:

1) Vamos fazer uma viagem.

a) Como chegaremos ao destino?

b) O que precisamos fazer antes de ir?

c) O que precisamos levar conosco?

d) Que providências precisamos tomar?

2) Uma planta está morrendo.

a) Por que é que isso está acontecendo?

b) Como poderíamos resolver este problema?

• *Aplicação de fatos e princípios a novas situações*

O professor apresenta ao aluno uma situação que exige a solução de um problema ou pode descrever uma situação e pedir ao aluno que preveja o resultado, sob determinadas condições.

Primeiro exemplo:

a) Situação: Entre dois terrenos de áreas diferentes, como podemos saber qual o maior?

b) Dados oferecidos: O terreno A tem 32m de comprimento por 35m de largura. O terreno B tem 35m de frente e 45m de lado, sendo o fundo igual à frente.

c) Qual dos terrenos pode conter mais árvores frutíferas?

Segundo exemplo:

a) Situação: Suponha-se que todos os alunos sem fiscalização tivessem livre acesso à biblioteca da escola.

b) Predição: O aluno deve predizer o que aconteceria.

c) Razão: Por que você acha isso?

• *Solução de problemas*

Nem toda pergunta é um problema. Um quebra-cabeça também não é um problema, pois sua solução depende de tentativas e erros, e não se transfere a novas situações. O que é um problema para uns, nem sempre é para outros. O que é afinal um problema? É uma proposição que se apresenta para resolução, pode ser afirmativa ou negativa. Para sua solução aplicam-se princípios que podem ser transferidos para outras situações; podem inclusive exigir, para sua solução, decisão, hipóteses, coleta e organização de dados.

Exemplo de atividades para desenvolver o pensamento:

Eis algumas operações de aritmética: adição, subtração, multiplicação e divisão.

1) Como as operações se relacionam entre si?

2) Quando você usará cada uma delas?

• *Decisão*

Decisão implica valores, sua resposta é decorrente do que e do por que deve ser feito. O fato na situação de decisão ocupa um segundo plano. O fundamento da decisão está na resposta aos questionamentos. O que desejamos? Que valores preferimos? O que estimamos acima de tudo?

Será que os valores são importantes nas operações do pensamento? Pensamos que sim. Nossos desejos, nossas esperanças e nossos objetivos muito frequentemente criam o poder de pensar. Pensamos para conseguir objetivos que consideramos preciosos. No entanto, muito frequentemente não estamos conscientes dos objetivos que valorizamos, ou escondemos os motivos de nossas ações. Aqui se supõe que é necessário esclarecer os valores que se ligam a situações problemáticas. Isso exige escolha, e esta muitas vezes é mais fácil quando é possível comparar, observar, imaginar e realizar todas as outras operações já mencionadas. Certamente a decisão merece um lugar entre as outras operações de pensamento e deve estar em nossa lista de orientação das atividades de ensino.

• *Atividades para desenvolver o pensamento*

Quando uma criança exprime um pensamento ou sentimento, a tarefa do professor é criar uma imagem verbal do que ela disse. Pode fazer isso usando um dos seguintes processos criados por L. Raths e apresentados sob a denominação geral de "técnicas de esclarecimento de valores":

1) Repita o que a criança disse.

2) Faça uma paráfrase da afirmação da criança.

3) Deforme ou procure a afirmação da criança.

4) Peça exemplos.

5) Peça a definição de um termo.

6) Peça a outra criança para explicar o que foi dito.

7) Peça à criança para resumir o que foi dito.

8) Pergunte se existe alguma incoerência.

9) Pergunte se algo foi simplesmente suposto, revele as suposições.

10) Pergunte ao que levará o que foi dito. Quais as suas consequências? O que vem depois?

11) Pergunte se todos devem acreditar na afirmação.

12) Pergunte se a afirmação é boa.

13) Pergunte: "Como lhe ocorreu esta ideia?"

14) Pergunte se existe alguma coisa de que a criança goste muito.

15) Pergunte se a criança já pensou muito a respeito disso.

16) Pergunte se ela faz isso muitas vezes.

17) Pergunte se isso é o que acredita.

18) Pergunte como isso influi em sua vida.

Voltamos a reforçar a informação de que o controle do comportamento do aluno nas diferentes etapas da aprendizagem é feito através de acompanhamento sistemático.

Esse acompanhamento sistemático da aprendizagem constitui o processo contínuo da avaliação.

O acompanhamento sistemático das aprendizagens efetivadas nas diferentes etapas (síntese, análise, síncrese) caracterizam o processo cumulativo da avaliação.

Para que a avaliação se constitua processo contínuo e cumulativo é necessário que o professor registre sistematicamente os comportamentos emitidos pelo aluno. Isto é, o professor deverá descrever exatamente aquilo que o educando faz ou diz, especificando a situação na qual o comportamento emitido por ele ocorre. O registro dos comportamentos emitidos pelo aluno, em diferentes situações, caracteriza o processo descritivo da avaliação.

Caracteriza-se ainda como um processo compreensivo que consiste no acompanhamento sistemático da aprendizagem em termos de:

1) conhecimento do conteúdo;

2) agrupamentos operatórios de pensamento;

3) atitudes de trabalho e relações interpessoais.

Por conteúdo compreende-se também todo o material de informação que faz parte de uma área específica de conhecimento. Por exemplo, o estudo do ar, da água, do solo e dos seres vivos faz parte do conteúdo de ciências.

Ao estudar um determinado conteúdo o aluno pode apresentar diferentes agrupamentos operatórios de pensamento:

1) aquisição;

2) compreensão;

3) aplicação.

A *aquisição* consiste na retenção do conteúdo. Este agrupamento operatório do pensamento se dá predominantemente na primeira etapa da aprendizagem (síntese).

A *compreensão* consiste no desdobramento e relacionamento das partes envolvidas, em conteúdos anteriormente trabalhados, e se dá basicamente na segunda etapa da aprendizagem (análise).

Quando após uma série de experimentações e estudos realizados sobre o ar, o aluno conclui que "sem ar não há vida", ele se utiliza de abstrações em situação particular e concreta. Ao empregar essas abstrações o aluno está *aplicando* conhecimentos adquiridos e compreendidos.

Estudando um determinado conteúdo o aluno deve, além de apresentar diferentes agrupamentos operatórios de pensamento, evidenciar uma atitude de trabalho. Compreende-se por atitude de trabalho todo o comportamento apresentado pelo aluno nas situações de aprendizagem; destas situações dependerão o maior ou menor sucesso de aprendizagem.

Se o aluno, ao estudar as diferenças entre animais e vegetais, perguntar-se da relação entre a vida animal e vegetal, ao pesquisar procurando solucionar suas dúvidas estará apresentando uma atitude científica de trabalho.

A aprendizagem envolve também, voltamos a dizer, relações interpessoais, que constituem o processo positivo de comunicação entre duas ou mais pessoas. Quando um aluno valoriza e aproveita as contribuições dos colegas (e/ou professor), ele se relaciona positivamente.

O acompanhamento sistemático das relações interpessoais, da atitude de trabalho e dos agrupamentos operatórios de pensamento, evidenciados no estudo de um conteúdo, caracterizam o processo compreensivo de avaliação.

Para que o desenvolvimento do aluno seja avaliado de forma contínua, cumulativa, descritiva e compreensiva, o professor deve organizar intencionalmente diferentes situações de aprendizagem; o que exige um planejamento específico em função do grupo de alunos, do conteúdo, dos grupos operatórios de pensamento, do tempo disponível, do ambiente físico e do meio circundante. Se o professor deseja que o aluno reflita sobre o conteúdo trabalhado e apresente um planejamento de projetos ou pesquisa para aprofundamento do assunto ou codifique um trabalho que tenha feito, podemos dizer que ele organizou intencionalmente uma situação de aprendizagem. Estas situações de aprendizagem são intencionalmente organizadas com o objetivo de obter uma modificação de comportamento. Esta é uma variável dependente em função das condições orgânicas e ambientais que irão interferir direta ou indiretamente no processo de aprendizagem.

Desejamos, com as colocações feitas, enfatizar que a avaliação não se constitui processo isolado, em que o professor aplica determinado instrumento, atribui uma nota ou conceito, e com isto classifica ou desclassifica um aluno. Mesmo ao utilizar um tipo de questão dissertativa, ou seja, uma prova aberta, de resposta livre, o professor deve ter bem presente o propósito a que este tipo de questão irá servir, que capacidades e áreas de conteúdo visa a medir e quais os valores relativos deve ter.

Ignorar estes fatores na preparação da prova implica correr o risco de obter uma visão errônea do progresso dos alunos.

Antes de optar por questões não estruturadas, isto é, constituídas por questões tipo ensaio, em que o aluno se expressa com sua própria linguagem, demonstrando sua criatividade, ou escolhendo testes objetivos para avaliar os resultados da aprendizagem, o professor deve ter em mente, de forma clara e precisa, o que quer avaliar, isto é, qual o propósito a que o teste deve servir.

Não existe um tipo de questão melhor ou pior para verificar o progresso do aluno. O importante é que elas sejam bem elaboradas de forma a permitir que professor e aluno tenham, com sua aplicação, uma percepção clara, objetiva e real das condições deste, ajudando-o a crescer, participar e responsabilizar-se pelos aspectos focalizados no trabalho escolar.

Prova objetiva

"Dizemos que uma prova é objetiva quando a opinião do examinador e a sua interpretação dos fatos não influem no seu julgamento" (MEDEIROS, 1972: 21).

"O termo objetivo refere-se mais ao processo de computar escores do que à maneira como é dada a resposta. As questões objetivas são construídas de modo que se possa computar os escores, observando uma palavra ou frase ou mostrando qual de várias respostas possíveis foi escolhida" (LINDEMAN, 1972: 65).

Questões objetivas

Segundo Oyara Petersen Esteves, as questões objetivas dividem-se em dois grupos.

1) De *recordação* ou *evocação*, onde o aluno dá a sua própria resposta, isto é, uma resposta elaborada pessoalmente. Ex.:
    1) simples lembrança (ou resposta certa);
    2) complementação (ou afirmação incompleta – lacunas).

2) De *reconhecimento*, onde o aluno organiza os elementos apresentados à resposta ou os reconhece. Ex.:
    1) verdadeiro-falso ou certo-errado (resposta alternativa);
    2) múltipla escolha (várias alternativas);
    3) ordenação (associação ou combinação).

Recordação ou evocação

1) *Simples lembrança ou resposta curta*

A resposta é dada brevemente ou com uma palavra ou símbolo.

Apresenta-se de duas maneiras:

a) Pergunta direta: Qual é o nome do atual prefeito de Porto Alegre?

b) Com frases incompletas: A capital do Rio Grande do Sul é: _____

Vantagens, usos, limitações:

a) sua naturalidade;

b) familiar às crianças;

c) não dá para adivinhar;

d) simples de construir e de responder.

Desvantagens:

a) não permite avaliação satisfatória;

b) as respostas são informativas, de memória; não sabemos o quanto o aluno conhece do conteúdo da matéria.

c) usada mais em matemática, estudos sociais e ciências, mais em forma de problemas.

Regra de construção dos itens:

a) perguntas diretas, preferencialmente;

b) resposta curta e não longa;

c) espaço à direita da pergunta;

d) evitar a linguagem do livro;

e) cada pergunta com uma só resposta.

2) *Complementação (lacunas)*

Parece-se com a simples lembrança, só que as suas respostas podem estar em qualquer lugar da frase. Ex.:

a) A capital do nosso país é: _____

b) As cidades principais do Estado de São Paulo são: _____ e _____

_____

Regras de construção dos itens:

a) Deixar um ou mais espaços para as respostas, de acordo com a necessidade.

b) Evitar frases indefinidas ou ambíguas que dão margem a várias respostas.

Ex.: O *A* maior _____ do Estado é _____

c) Evitar frases mutiladas.

Ex.: O _____ mais

do mundo é o

d) Omitir palavras de significação importante, e não as insignificantes.

e) Evitar frases iguais às do livro para evitar memorização.

f) Não sugerir as respostas indicando artigo, gênero ou número.

g) Preparar previamente a chave de correção com sua valorização.

h) Os espaços deixados em branco devem ser do mesmo tamanho.

Reconhecimento

1) *Verdadeiro-falso (certo-errado)*

A criança assinala com um x a resposta certa ou errada na coluna onde já deverá constar F e V.

Ex.: A capital do Brasil é Rio de Janeiro

V	F
....	....

Vantagens e limitações:

a) fácil de construir, corrigir e interpretar;

b) é de rápida execução, possibilitando abranger grande parte do conteúdo da matéria.

Desvantagens:

a) pode ser respondida ao acaso, sem saber a resposta exata;

b) apela mais à memória do que ao raciocínio;

c) questões ambíguas, dificultando a resposta;

d) mais usada para estudos sociais e ciências.

Regras de construção dos itens:

a) Evitar palavras que levem a respostas como: tudo, nenhum, nada, porque levam a respostas falsas, e como. Ao, alguma, poucos, quase... levam a respostas verdadeiras.

Ex.: No Nordeste chove quase todas as tardes (V).

b) Evitar frases capciosas, estando o erro num detalhe, como troca de letras.

c) Evitar frases negativas, que confundem o raciocínio.

d) Evitar frases iguais às do livro, pois favorecem a memorização.

2) *Múltipla escolha (ou resposta múltipla)*

Consiste em escolher uma resposta entre as várias alternativas.

Ex.: O tipo característico da região Sul é o

a) gaúcho;

b) vaqueiro;

c) jangadeiro;

d) baiano;

e) seringueiro.

Vantagens, usos, limitações:

a) Todas as respostas são relacionadas com a pergunta, não há nenhuma absurda.

b) Pode-se marcar a resposta correta, a mais errada ou a melhor delas.

c) É objetiva e de fácil correção.

d) Verifica raciocínio, nível de discriminação, julgamento dos alunos e conhecimentos gerais.

e) Leva mais tempo para construir as questões como também para responder.

f) Serve para todas as disciplinas.

g) Não deverá ser usada quando a resposta for uma única a servir para lacunas. Quando forem duas alternativas, serve para V ou F. Quando o assunto não comportar mais de três respostas, deverá o professor colocar respostas não relacionadas.

Regras de construção dos itens:

a) As respostas devem pertencer à mesma família de ideias.

b) Para marcar 1 resposta deverão sobrar outras 4, e para marcar 2 respostas deverão sobrar 5.

c) As respostas devem estar formuladas de modo que qualquer uma sirva para completar a frase.

Ex.: A produção mais importante da região Norte é:

a) milho;

b) borracha;

c) algodão;

d) castanha;

e) cacau.

d) Evitar frases textuais de livros.

e) As respostas devem ser assinaladas de maneira simples e objetiva, com um X ou um círculo no número.

f) As alternativas devem ser colocadas de preferência no fim da frase.

3) *Ordenação (associação)*

Consiste numa lista de palavras, datas, frases, que devem ser combinadas de acordo com outra lista.

Ex.: Enumere os nomes dos Estados pelas suas respectivas capitais.

( ) Bahia   (1) Rio de Janeiro

( ) Goiás   (2) Salvador

( ) Rio de Janeiro   (3) Goiânia

( ) Rio Grande do Sul   (4) Porto Alegre

                            (5) Rio Branco

Vantagens, usos, limitações:

a) reduz as adivinhações;

b) é fácil de construir e de responder;

c) não avalia o grau de compreensão dos alunos;

d) serve para questões em que é necessário associar nomes a datas, pessoas e fatos etc., como em estudos sociais.

Regras de construção dos itens:

a) não misturar assuntos, ou seja: nomes, fatos, acontecimentos, para não confundir as relações;

b) a coluna das respostas que irão ser ordenadas deve ser maior do que a outra, para sobrarem respostas, evitando a eliminação;

c) é bom colocar os fatos em ordem alfabética ou por ordem de datas, para não sugerir ou não misturar;

d) indicar nas instruções o modo de assinalar a resposta, seja escrevendo em número ou letra entre parênteses;

e) não sugerir a resposta dando o seu gênero ou número;

f) não colocar um só nome estrangeiro, pois sugere a resposta.

Entre as questões de escolha múltipla podemos incluir ainda:

4) *Asserção e razão*

É um tipo de item que requer algum cuidado especial na sua estruturação. Aconselha-se sua aplicação para classes mais adiantadas. Sua elaboração se constitui por duas afirmações, onde a segunda é a razão da primeira. Ex.:

Assinale A quando a asserção e a razão forem verdadeiras;

B, quando a asserção e a razão forem falsas;

C, quando a asserção for verdadeira e a razão falsa;

D, quando a asserção for falsa e a razão verdadeira.

(A) A primeira característica do renascimento cultural foi o seu classicismo *porque* houve uma centralização das ideias num retorno às civilizações clássicas, greco-romanas.

(C) O século XVI foi a idade de ouro do renascimento italiano *porque* a tendência política e social manifestou-se de modo mais significativo somente devido às representações diplomáticas.

5) *Item de interpretação*

Em princípio é constituído com base num texto. Porém, pode também ser elaborado a partir de gráficos, tabelas, mapas, ilustrações ou diagramas.

Ex.: Selecione a alternativa que melhor completa o enunciado:

– O futuro pode não ser tão incerto como se pensa. Ele pode ser visto, sentido e pensado no presente. Mas exige que a pessoa aprenda a vê-lo como futuro, a senti-lo e percebê-lo como futuro que, inevitavelmente, se tornará presente.

A partir da ideia expressa no texto concluímos que o processo educacional está exigindo:

( ) uma ação dinâmica;

( ) uma ação planejada;

( ) uma ação de mutações múltiplas;

( ) um processo de adaptação e readaptação;

( ) uma nova filosofia no agir.

Vantagens e desvantagens:

a) aplica-se somente a alunos maiores;

b) permite realização de inferências, identificação de explicações;

c) leva a tirar conclusões.

Item pictórico:

O material pictórico pode ser fotografia, desenho, mapa, gráfico etc.

Os itens podem ser baseados na ilustração como instrumento de comunicação da ideia ou a ilustração sendo parte do problema e exigindo interpretação.

Ex.: Assinale as alternativas melhores e corretas.

Observando as figuras

concluímos que:

( ) os objetos diferem do tamanho percebido conforme o contexto em que estão inseridos;

( ) os dois círculos centrais são iguais;

( ) os dois círculos centrais são diferentes;

( ) o estudo da percepção é muito interessante;

( ) o estudo a respeito da percepção é objeto da Psicologia da Forma ou Gestalt.

Vantagens:

O item pictórico, pela visualização, favorece a apreensão da informação, permitindo ao aluno tirar conclusões e desenvolver habilidades mentais adequadas à construção do conhecimento.

Critério de avaliação

O critério de avaliação, quer o professor utilize questões dissertativas ou objetivas, terá obrigatoriamente que ser um elemento para *diagnosticar* o rendimento escolar, verificando-se quais os alunos que necessitam de ajuda ou atendimento pedagógico específico. Jamais um aluno deverá ser comparado com outro, e sim com seu próprio progresso. As verificações deverão ser constantes e contínuas. Os testes não mais deverão ser utilizados como uma arma contra o aluno, causando-lhe todo tipo de trauma. Deverão ser, acima de tudo, um meio para confirmar o progresso do aluno, o alcance dos objetivos estabelecidos.

O fracasso do aluno será de fato o fracasso do mestre, que foi incompetente em sua missão. Os critérios deverão ser fundamentados na fidedignidade, validade e eficiência da avaliação.

Para a correção das questões de dissertação o professor deverá usar um critério próprio, tanto quanto possível objetivo, para não prejudicar algum aluno.

Sugestões práticas para sua correção e interpretação:

1) Evite identificar o aluno.

2) Leia todas as respostas sobre a mesma questão.

3) Atribua pontos para aspectos essenciais e guie-se por eles.

4) Após leitura de todas as provas separe-as por grupos: ótimo, muito bom, bom, regular, e só a partir daí atribua a nota.

5) Corrija uma questão de cada vez.

6) Assinale os erros de português, sem descontá-los, a não ser que a prova seja de português.

7) A nota final poderá corresponder ou não à classificação inicial (ótimo, bom etc.).

8) Organize um sistema de codificação.

9) Verifique a exatidão do conteúdo da matéria focalizada.

10) Observe o grau de compreensão, segurança, domínio e objetividade que o aluno demonstra no tratamento do conteúdo.

11) Considere a apresentação do trabalho quanto: originalidade, limpeza, legibilidade, riqueza ou pobreza de estilo literário.

12) Assinale os erros ou omissões.

13) Faça um levantamento estatístico do grau de aproveitamento da turma.

14) A questão deve conter instrução ou ordem, e o verbo, de preferência no infinitivo, deve ser utilizado de acordo com o objetivo estabelecido no plano, evitando-se, assim, dificuldade na avaliação e julgamento muito subjetivo.

O número de questões deste tipo não deve ultrapassar a dez.

15) Procure adequar o enunciado da questão ao desenvolvimento mental e conhecimento do aluno.

16) Dose a liberdade concedida de modo a focalizar na resposta os aspectos essenciais e de forma a não dificultar a avaliação da questão. Ex.: Escreva uma dissertação sobre o reinado de Luís XV. Prefira outra como "O que queremos dizer com a afirmação de que a França, antes de 1789, estava centralizada sem estar unida?"

17) De acordo com a pergunta formulada, e para efeito de avaliação, elabore uma lista dos tópicos considerados mais importantes e que devam constar da redação.

18) Formule questões que exijam raciocínio ou conhecimento de importância.

19) Evite instruções ambíguas como: "Escreva tudo o que sabe", "Disserte sobre". Prefira as seguintes: "Explique por que...", "Compare com... ", "Que conclusões podem ser deduzidas de ..." Ex.: Quais são as diferenças fundamentais entre o governo do Brasil e o do Uruguai. Por que num dia quente sente-se menos o calor quando a umidade relativa do ar é baixa?

Para que o trabalho do professor se torne mais objetivo, recomendamos a utilização de um quadro referencial que embase a operacionalização de alguns comportamentos. A título de sugestão propomos:

"Produtos que requerem procedimentos de avaliação que vão além da típica prova escrita" (GROUMLUND, 1970: 468)	
Produto	*Comportamentos representativos*
Habilidades	Falar, escrever, escutar, leitura oral, realizar experimentos no laboratório, desenhar, tocar um instrumento musical, habilidade de trabalhar, de estudo e habilidades sociais.
Hábitos de trabalho	Uso do tempo, uso do equipamento, uso de recursos; demonstra iniciativa, capacidade criadora, persistência.
Atitudes sociais	Preocupação com o bem-estar dos outros, respeito às leis, à propriedade alheia, sensibilidade ante as questões sociais, preocupação com as instituições sociais, desejo de trabalhar em prol da melhoria social.
Atitudes científicas	Mente aberta, sensibilidade para as relações de causa e efeito, mente indagadora.
Interesses	Sentimentos expressos com respeito a várias atividades educacionais, mecânicas, estéticas, científicas, sociais, recreativas, vocacionais.
Apreciação	Sensação de satisfação e prazer que se expressa com o respeito pela natureza, música, arte, literatura, habilidades físicas, contribuições sociais notáveis.
Ajustes	Relação com os iguais, reação ante o que se pensa e a crítica; reação ante a autoridade, estabilidade emocional, adaptabilidade social.

Ao utilizar-se deste quadro de referência, é importante que o professor operacionalize alguns dos comportamentos para um trabalho mais objetivo.

Os procedimentos aqui apresentados são subsídios importantes para o professor utilizar a observação, no processo de ensino-aprendizagem, principalmente como um recurso de avaliação.

Elaboração e aplicação da prova objetiva

Testes objetivos requerem conhecimento, habilidades e técnicas.

A elaboração de itens é facilitada quando obedece a um plano. O plano da prova pode ser apresentado por uma tabela de especificação. A listagem de conteúdos específicos é feita através da amostra de conteúdos estudados e uma distribuição equilibrada de questões. Durante a elaboração dos itens o professor necessita tomar decisões:

Primeiro: diz respeito à modalidade de avaliação.

Testes diagnósticos são mais extensos; formativos requerem relação entre as questões; somativa ou classificação devem ter um número suficiente de itens de acordo com os conteúdos, cujo domínio se pretende avaliar. As questões devem ser distribuídas em fáceis, médias e difíceis.

Segundo: quanto ao objetivo da questão, é necessário que ele seja ajustado ao seu conteúdo e tipo.

Aplicação de uma prova

Deve ser montada com boa apresentação. Aplica-se em condições padronizadas. As instruções devem ser bem claras, dadas oralmente ou por escrito. Depois, os escores são computados. A prova deve conter no máximo três tipos de itens. A quantidade de questões deve estar em harmonia com a significação da amostra do que se pretende avaliar. A variável tempo deve também ser observada.

Roteiro

Para a elaboração e aplicação de uma prova objetiva, este roteiro pode servir como ponto de referência:

1) especificação dos dados de identificação ou estabelecimento das características da população-alvo;

2) seleção de conteúdos e objetivos;

3) preparação da tabela de especificação;

4) seleção de tipos e elaboração de questões;

5) montagem da prova;

6) elaboração de instruções e chave de correção;

7) aplicação e correção da prova;

8) revisão e análise das questões.

9) comunicação dos resultados.

• *Sugestão 1*

Prova de..

Recomendações:

a) Ler todas as questões.

b) Assinalar apenas uma alternativa no quadro previsto para as respostas.

c) Responder a todas as questões.

1) Identificação

Escola:..

Disciplina:...

Professor:..

Curso:...

Série:..................... Turma:...................................

Data:..

Aluno:...

• *Mensagem*

O crescimento profissional do professor depende de sua habilidade em garantir evidências de avaliação, informações e materiais, a fim de constantemente melhorar seu ensino e a aprendizagem do aluno. Ainda, a avaliação pode servir como meio de controle de qualidade para assegurar que cada ciclo novo de ensino-aprendizagem alcance resultados tão bons ou melhores que os anteriores.

(Bloom, Hasting, Madaus)

2) Objetivos

Do professor:

a) Proporcionar ao aluno mais um momento de ensino-aprendizagem.

b) Constatar os níveis de aprendizagem do aluno, segundo a unidade desenvolvida.

Do aluno:

Interpretar, integrar e sintetizar o conteúdo da unidade desenvolvida.

3) Seleção de conteúdos

4) Determinação do tipo de questões

a) Resposta livre

b) Lacuna

c) Ordenação

d) Falso e verdadeiro

5) Delimitação da extensão da prova

– Das 7h e 40min às 8h e 30 min.

– Total de 50 minutos.

6) Determinação do critério de correção e avaliação

A prova consta de 25 questões, cada uma delas valendo 0,4 pontos, perfazendo um total de 10 pontos.

7) Instruções

a) Leia atentamente todas as questões antes de responder.

b) Evite rasuras.

c) Use caneta azul ou preta.

d) Trabalhe sozinho, não perguntando nada a ninguém, nem mesmo ao professor, pois o entendimento das questões faz parte da prova.

8) Apresentação

– Em silêncio, resolva todas as questões, procurando ter cuidado para não trocar as ordens dadas e... *felicidades.*

9) Chave de correção (gabarito ou quadro de respostas)

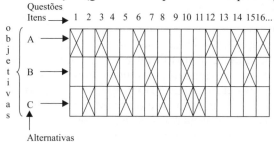

Dissertativas

Ex.: Será considerado

a) Ótimo se o aluno na dissertação citar no mínimo cinco ideias básicas sobre...

(Indicar cinco conceitos e apresentar um posicionamento crítico sobre um dos fatos.)

b) Bom se o aluno citar três ideias básicas, dois conceitos, uma conclusão.

c) Regular se o aluno citar duas ideias básicas, um conceito, um posicionamento crítico.

10) Tabela de especificação do teste (sugestões)

Conteúdo \ Processo mental	Conhecimento	Compreensão	Aplicação
Objetivos	1,9		
Avaliação		3,4	
Técnica			5,6
			etc.

11) Chave de conceitos/notas

A cada uma das questões respondidas corretamente será atribuído grau 0,5, conforme esta chave de conceitos:

Nº de questões certas	Graus	Conceitos
20 a 25	8,5 a 10,0	Excelente = Exc.
15 a 20	7,0 a 8,5	Médio Superior = MS
10 a 15	5,0 a 7,0	Médio = M
5 a 10	2,5 a 5,0	Médio Inferior = MI
0 a 5	0,0 a 2,5	Insuficiente = Ins.

12) Relato dos resultados

Na fase interpretativa dos testes o escore bruto tem significação irrelevante; é preciso que o professor estabeleça um referencial comparativo. Uma nota pode estar fundamentada numa medida baseada em norma ou critério. Segundo Medeiros, "usam-se normas quando queremos comparar indivíduos para classificá-los dentro do próprio grupo, e recorremos a critérios se quisermos averiguar o grau de consecução de metas prefixadas. Ainda que a norma refira-se a resultados práticos, os critérios preocupam-se com metas ideais. As normas são descrições realistas do "que é", e os critérios traduzem reações desejadas apontando "o que deveria ser". Se as normas facilitam o cotejo entre examinados, os critérios certificam a competência de cada pessoa numa área bem definida (dando base à reprovação de quem não alcança certo nível). Para distribuir alunos em grupos relativamente homogêneos empregam-se normas; para admitir novos alunos usam-se critérios, exigindo-lhes para entrada a demonstração de domínio dos conhecimentos e habilidades tidas como pré-requisitos" (MEDEIROS, 1976: 235).

Outros sistemas referenciais têm sido adotados por nossas escolas, como o Sistema referido a domínio – a *performance* de uma determinada tarefa é interpretada em relação a um conjunto ou classe de tarefas bem definidas ou domínio.

Para isso, os itens do instrumento devem constituir uma amostra aleatória simples ou estratificada, podendo-se, assim, estimar a probabilidade de responder corretamente o que um indivíduo ou grupo alcançará num universo de perguntas (SANTAROSA, 1978: 45).

Outro sistema é o referido a objetivos. O desempenho é interpretado em relação ao objetivo comportamental preestabelecido, seja de um estudante como do grupo. Considera-se o grau de obtenção de respostas corretas relacionadas ao objetivo específico.

Teoricamente é ótimo, porém na prática tem sido um desastre. Muitas escolas que o incluíram em seu regimento continuam por força de lei a adotá-lo, porém ocorre que muitas crianças com padrões de aproveitamento bom são reprovadas e outras que não atingiram o domínio dos conteúdos, mas atingiram os objetivos, são consideradas aptas. É óbvio que algo está errado quanto à aplicação dos objetivos e a devida avaliação, mas o lamentável é que muitíssimas crianças estão sendo vítimas do problema.

• *Sugestão 2*

Tabela de especificação

Itens ou questões	Conteúdos	Habilidades mentais	Tipos de questão ou itens	Gabarito para correção	Nº total de acertos na turma	Nº de desacertos
1	Objetivo geral	Evocação	Lacuna	Palavra: específico		
2	Obj. específico	Explicação	Asserção e razão	I		
3	Critérios de formulação de objetivos	Aplicação	Interpretação	IV		
3						
4						
5						
6						
7						
8						
9						
10						

Conclusão: *Total:* ⟶

Comparação entre dois tipos de prova

	Provas objetivas (Julgamento impes.)	*Provas de dissertação* (Resposta livre)
Preparo das questões.	Difícil e demorado.	Difícil (porém menos demorado), sendo vantajosas com poucos examinadores.
Julgamento das respostas.	Simples, objetivo e preciso.	Difícil, penoso, principalmente subjetivo e menos preciso.
Fatores que interferem nas notas alcançadas.	Habilidade de leitura e acerto por acaso.	Capacidade de redação; habilidade de contornar problema central.
Habilidades mais solicitadas aos examinadores.	Domínio de conhecimentos, apoiado na habilidade de ler, interpretar e criticar.	Domínio do conhecimento apoiado na habilidade de ler, e mais na de redigir.
Resultados verificados.	Domínio de conhecimentos nos níveis de compreensão, análise e aplicação pouco adequadas para síntese, criação e julgamento de valor.	Pouco adequadas para medir domínio de conhecimento; boas para compreensão, aplicação e análise; melhores para habilidades de síntese.
Âmbito alcançado pela prova.	Com muitas questões de respostas breves podem abranger dilatado campo e dar boa amostragem da prova.	Com poucas questões de resposta longa cobrem terreno limitado, sendo impraticável a amostragem.
Elaboração das questões e atribuições de notas.	Subjetivismo presente na sua construção; fundamental a competência de quem prepara a prova.	Subjetivismo presente na construção e no julgamento; fundamental a competência de quem julga as respostas.
Oportunidades oferecidas a examinador e aluno.	Liberdade ao examinador de exigir cada ponto; maior controle por parte do professor e mais limitação ao aluno.	Liberdade ao aluno de mostrar a sua individualidade; mas ocasião para o examinador se deixar levar por opiniões pessoais.
Efeitos prováveis na aprendizagem	Estimulam o aluno a lembrar, interpretar e analisar ideias.	Encorajam o aluno a organizar, interpretar

Aspecto legal

A filosofia de uma escola, seus objetivos, a eficácia dos métodos e técnicas empregados são expressos sempre que se avalia.

Cada escola tem suas características próprias, consubstanciadas em seus objetivos educacionais próprios, e especialmente em sua interpretação e sistema de avaliação.

Quando uma escola declara que um aluno está aprovado em uma determinada série ou grau, está dizendo que este aluno alcançou o que foi proposto como meta educacional. No entanto, outra escola ao avaliar o mesmo aluno poderia discordar daquele julgamento.

É indubitável a importância da avaliação e o cuidado que as escolas devem ter em relação ao sistema adotado. Cada unidade de ensino apresenta peculiaridades próprias, por isso não é lícito a cópia de regimentos de uma escola para outra. No entanto, há certos princípios comuns a serem observados. Tais princípios decorrem da própria lei que os fixa e das pesquisas científicas já realizadas. A Lei 4.024 de 20/12/1961 (Lei de Diretrizes e Bases da Educação Nacional), deixando à escola o direito de determinar em regimento sua organização administrativa, disciplinar e didática, abre perspectivas novas para todo trabalho escolar. No que diz respeito à avaliação, encontra-se no artigo 39.

Art. 39 – A apuração do rendimento escolar ficará a cargo dos estabelecimentos de ensino, aos quais caberá expedir certificados de conclusão de séries e ciclos e diplomas de conclusão de cursos.

§ 1º – Na avaliação do aproveitamento do aluno preponderarão os resultados alcançados, durante o ano letivo, nas atividades escolares, assegurados ao professor, nos exames e provas, liberdade de formulação de questões e autoridade de julgamento.

§ 2º – Os exames serão prestados perante comissão examinadora, formada de professores do próprio estabelecimento, e, se este for particular, sob fiscalização da autoridade competente.

As limitações arcaicas, como a que se verifica no § 2º, bem como a minimização de detalhes, felizmente, foram abolidas.

Não mais dependemos da aplicação de um sistema de avaliação rígido, uniforme para todo território nacional. Cabe à escola, em grande parte, a responsabilidade pelos objetivos e critérios estabelecidos.

A Lei 5.692 de 11/08/1971 trouxe um espírito de abertura ainda maior que a lei anterior, pois aquela, por ter levado 16 anos em elaboração, já nasceu relativamente caduca.

A Lei 5.692/71, em seu art. 14, estabelece que a verificação do rendimento escolar é competência dos estabelecimentos de ensino, devendo, para tal, a escola atender ao prescrito em seu regimento. Também a lei prevê que a verificação do rendimento escolar compreenderá a avaliação do aproveitamento e a apuração da assiduidade.

De acordo com o parágrafo 1° do art. 14, a avaliação do aproveitamento poderá ser expressa em notas ou menções, salientando que deverão os aspectos qualitativos preponderar sobre os quantitativos e os resultados obtidos durante o ano letivo, sobre os da prova final, quando o regimento escolar fizer previsão para esta última.

Indiscutivelmente, a Lei 5.692/71 dá ênfase à avaliação como sendo um processo sistemático, contínuo e integral, destinado a determinar até que ponto os objetivos, previamente estabelecidos, foram ou deixaram de ser alcançados.

Sendo a aprendizagem uma aquisição de conhecimentos, a avaliação atingirá todos os aspectos em que podemos constatar e ao mesmo tempo controlar essa aquisição. A avaliação deverá estar sempre relacionada com os objetivos propostos no processo educacional, estabelecendo níveis: campo, área, série, escola e lei, sendo muitas vezes o prelúdio da aquisição de novos conhecimentos e não posição final, dentro do trabalho educativo.

O fato de o conceito final não ser a média de conceitos anteriormente atribuídos dá ênfase à avaliação formativa e possibilita a recuperação tão logo se percebam deficiências.

Há dois propósitos claros e definidos no processo legal de avaliação:

1) Constatar o nível alcançado pelos objetivos propostos;

2) Propiciar um maior conhecimento do aluno em sua individualidade.

A habilitação demonstrada pela realização exitosa, utilizando instrumentos somativos, classificará o aluno para o prosseguimento de uma nova etapa de estudos, pressupondo o domínio das etapas anteriores. Considerando que os objetivos de uma disciplina são planejados numa sequência hierárquica, os resultados das avaliações realizadas no final do desenvolvimento do curso é que mais provavelmente refletirão as condições reais do aluno.

Um aspecto importante no processo avaliativo é a mensuração que envolve as dimensões quantitativa e qualitativa. Ambas referem-se ao mesmo fenômeno a ser medido, controlado, acompanhado. A quantitativa diz em graus, conceitos ou formas equivalentes a intensidade com que certos atributos, aspectos qualitativos, se manifestam no fenômeno em mensuração. Assim, todos os objetivos, tanto de ordem cognitiva, psicomotora é socioemocional, podem ser discriminados em seus atributos, indicando-se assim a dimensão qualitativa e representados em níveis, em sua dimensão quantitativa.

A avaliação qualitativa dá significado e esclarece a quantitativa; enquanto esta, expressa numa unidade a consistência e intensidade do fenômeno.

Cada Estado elaborou, através de seus órgãos competentes, diretrizes para auxiliar as escolas na aplicação das normas expressas na lei. Dentre essas destacamos:

Frequência

A frequência deve ser objeto de permanente controle, e o aluno e seus pais ou responsáveis necessitam ser alertados quanto aos prejuízos que a falta de assiduidade pode acarretar ao rendimento da aprendizagem.

O controle da assiduidade é fundamental na avaliação, visto que o aluno, não atingindo a frequência mínima exigida pela escola, não pode ser aprovado, nem tem direito à recuperação.

Constitui exceção quanto à frequência e exige atendimento especial quando:

"... o aluno é portador de afecções congênitas ou adquiridas, infecções, traumatismos ou outras condições mórbidas, determinando distúrbios agudos ou agudizados..." (artigo 1° do Decreto-lei n° 1.044, de 21/10/1969 e confirmado no artigo 67, da lei 5.692/71).

De acordo com o artigo 4° do referido Decreto-lei,

"... será da competência do diretor do estabelecimento a autorização do regime de exceção."

O registro da frequência do aluno constará do boletim ou caderneta escolar, porém não deverá pesar ou influir na avaliação dos resultados do processo ensino-aprendizagem.

Critérios

Nosso objetivo, ao abordar o aspecto legislativo da avaliação, consiste, apenas, em alertar os educadores para sua existência, na expectativa de incentivá-los para uma reflexão sobre os recursos que a lei lhes oferece e consequentemente do amparo legal de que dispõem no exercício de suas atribuições.

Os critérios de avaliação são geralmente estabelecidos pelo sistema ou subsistema, embora o mais comum é que cada escola, através de seu regimento, registre os critérios ou normas a serem observados pelos responsáveis das diferentes disciplinas curriculares. Atualmente, em muitos países, também no Brasil algumas escolas estão eliminando a reprovação nas séries iniciais, bem como o estabelecimento de datas formais para execução de testes classificatórios.

É fundamental que o professor conheça os critérios adotados pela instituição em seu conjunto, bem como os princípios que norteiam o planejamento e o currículo de forma global.

Os critérios são indicadores que determinam a maneira como se realizará a supervisão das atividades educacionais. Por exemplo, se estabelecermos como critério a frequência com que o aluno apresenta determinado comportamento, estaremos voltados para um valor quantitativo (o aluno atende às solicitações do professor: sempre, nunca, raramente). Área afetiva ou critério qualitativo: expressa o nível atingido. O aluno presta atenção aos estímulos oferecidos pelo professor? O aluno responde aos estímulos oferecidos pelo professor? O aluno responde, consciente e responsavelmente, aos estímulos oferecidos?

A propósito, recordo-me de uma experiência realizada em uma escola de Porto Alegre. Entre outras metas havia sido estabelecida a leitura de um número significativo de obras por suas alunas. No entanto, a avaliação revelou que as mesmas não haviam atingido mudança de atitude; a partir desta constatação houve para o ano seguinte uma seleção mais qualitativa do que quantitativa e constatou-se que os valores previstos, como: respeito pelos colegas, uso espontâneo da biblioteca, cortesias para com os professores, enriquecimento do vocabulário, facilidade de interpretação e expressão se evidenciaram.

Consideramos critério como o conjunto de aspectos que servem de norma para avaliações. Os critérios poderão ser expressos por quantidade (percentagem, número mínimo), qualidade (clareza, objetividade, precisão, assiduidade etc.), tempo (responder corretamente em cinco minutos).

Os critérios de qualidade são padrões que avaliam comportamentos socioemocionais e são da maior importância. Uma vez que refletem os objetivos educacionais, devem retratar uma realidade justa, adequada e consistir em descrições de vários níveis de rendimento.

Os resultados avaliativos da aprendizagem são representados por símbolos ordinais classificatórios indicados por letras (A, B, C, D), expressões como Ótimo, Muito Bom, Regular, Insuficiente ou, ainda, por números de 1 a 10 ou de 10 a 100.

Estes símbolos representam um valor e servem como controle da aprendizagem e para atender às exigências administrativas da escola.

Os alunos e professores devem estar cientes da significação dos símbolos, os quais serão registrados em boletins informativos ou fichas de avaliação e cadernos de chamada.

Os conceitos atribuídos ou notas deverão ser acompanhados de um parecer descritivo.

Também diretrizes são elaboradas pelo sistema, explicitando o processo da avaliação no que concerne à recuperação de alunos, comunicação dos resultados, dependência, instrumentos de avaliação, assiduidade etc.

Por exemplo, há uma diretriz que informa:

1) *Frequência mínima*: é a frequência fixada pela escola e deve ser igual ou superior à frequência estabelecida pelo Conselho Estadual de Educação.

2) *Percepção imediata*: é oportunidade que o professor oferece ao aluno de refazer ou reorganizar um determinado trabalho, cujo nível não foi satisfatório. O conceito ou nota obtido pelo aluno pode ser substituído, se for evidenciada melhoria em seu desempenho.

3) *Recuperação preventiva*: é a oportunidade oferecida ao aluno para que obtenha um desempenho satisfatório em relação aos objetivos não atingidos. É realizada durante o período letivo regular com a finalidade de eliminar desvios do progresso do aluno, possibilitando a consecução dos objetivos necessários à continuidade do processo ensino-aprendizagem.

4) *Recuperação terapêutica*: é nova oportunidade oferecida ao aluno para que obtenha um desempenho satisfatório em relação aos objetivos não atingidos. É realizada entre os períodos letivos regulares e destina-se aos alunos cujo nível de aprendizagem situa-se em AR (aprovado, mas necessita recuperação) ou IR (indispensável recuperação).

O importante em tudo isso não é o conhecimento literal dos termos, e sim a vontade e a dedicação da equipe escolar em utilizar tais recursos para realizar uma avaliação consciente, permanente, em busca radical na conquista dos objetivos.

CONFIGURAÇÃO DO EDUCANDO DESEJÁVEL
EGRESSO DO 1°, 2° e 3° GRAUS

1° grau

O aluno deverá: 1) fazer identificações de pessoas, locais, fatos, tempo, espaço, formas, hábitos;

2) representar gráfica, sonora, plástica e cinestesicamente elementos observados, ruídos, sons, situações, datas significativas;

3) verbalizar dúvidas, mensagens, conclusões;

4) fazer classificações, conforme o conteúdo da matéria em estudo;

5) aplicar, resumir, comparar conhecimentos adquiridos;

6) analisar resultados obtidos, mensagens, problemas reais ou hipotéticos, fatos, conceitos;

7) estabelecer relações entre fatos, fenômenos, espaços;

8) justificar ideias, ocorrências, atitudes;

9) elaborar problemas, perguntas, respostas, textos, histórias, exemplos, jogos, roteiros, relatórios, alternativas de soluções;

10) participar de trabalhos de equipe, campanhas, gincanas, comemorações, planejamentos;

11) dispor-se a conviver harmoniosamente, colaborando, aceitando, participando, respeitando o outro, ouvindo, cumprindo normas, recebendo sugestões;

12) valorizar a si próprio, o próximo, o trabalho, a saúde, a fraternidade, a contribuição recíproca, sadios hábitos de higiene e alimentação.

2° grau

Acrescentar-se-ão aos conhecimentos do 1° grau os que seguem:

1) valorizar os recursos naturais;

2) sistematizar conhecimentos;

3) hierarquizar e selecionar valores;

4) tomar decisões;

5) preservar o princípio da autoridade;

6) aceitar exigências comunitárias;

7) cumprir tarefas com fidelidade e competência;

8) fazer inferências;

9) predizer consequências;

10) reformular seu modo de agir.

3° grau

Deverá revelar em seu perfil as características de um:

1) planejador;

2) questionador;

3) crítico;

4) descobridor;

5) animador;

6) criador;

7) comunicador;

8) transformador;

9) avaliador;

10) conhecedor;

11) educador a serviço de outros educadores.

As sugestões apresentadas deverão ser acrescidas e/ou substituídas de acordo com as necessidades diagnosticadas em cada região.

A realidade vigente em cada localidade é que definirá o parâmetro a ser estabelecido e as metas a serem atingidas.

O essencial é que cada um contribua o melhor possível para o progresso da educação.

PARTE II
Instrumentos

Caracterização

Conselho de classe: Instrumento que visa traçar o perfil de cada aluno e do grupo.

Pré-teste: Teste aplicado para averiguar pré-requisitos para aquisição de novos conhecimentos.

Autoavaliação: Instrumento capaz de conduzir o aluno a uma modalidade de autoconhecimento que se põe em prática a vida inteira.

Avaliação cooperativa: Instrumento que oportuniza uma avaliação compreensiva, onde cada um contribui com os dados que possui, para o crescimento individual e grupal.

Observação: Contemplarmo-nos do mesmo modo pelo qual os outros nos veem é uma das mais confortadoras dádivas. E não menos importante é o dom de vermos os outros tal como eles mesmos se encaram. (HUXLEY, Aldous. *As portas da percepção* [s.l.]. Civilização Brasileira, 1968)

Inquirição: "Se desejarmos saber como as pessoas se sentem – qual sua experiência interior, o que lembram, como são suas emoções e seus motivos, quais as razões para agir como o fazem – por que não perguntar a elas?" (Alport).

Relatório: Constitui-se pelo registro de dados que expressam a comunicação dos resultados de planejamentos concretizados.

Conselho de classe

"É a atividade que reúne um grupo de professores da mesma série, visando em conjunto chegar a um conhecimento mais sistemático da turma, bem como acompanhar e avaliar cada aluno individualmente, através de reuniões periódicas."

Há necessidade de que as escolas trabalhem melhor os professores para que o Conselho de Classe atinja realmente seus objetivos. Atualmente é quase regra de que no dia destinado à avaliação pelo Conselho os alunos não tenham aula e os responsáveis pela classe passem horas reunidos apenas citando nomes, notas ou conceitos respectivos e registrando um parecer descritivo padronizado, aliás muito semelhante à caturrita da sorte que, tocado o realejo, aberta a gaveta, pega um papelzinho e entrega à pessoa os prenúncios ou sentenças do seu futuro. Diagnóstico, aconselhamento, prognóstico, levantamento de soluções alternativas, elaboração de programas de recuperação, apoio, incentivo, reformulação de objetivos, preocupação, envolvimento, coleta de evidências de mudanças de comportamento do aluno são totalmente esquecidos.

Para que então Conselho de Classe? Parece-me que exclusivamente para confirmar aprovação e reprovação dos alunos. De fato, uma perda de tempo.

Reúnem-se para o Conselho: direção (às vezes), serviço de supervisão pedagógica, serviço de orientação educacional, professores da área ou professores das diferentes disciplinas, professor conselheiro (representante da turma), aluno(s) representante(s) da turma em algumas situações ou escolas, representantes dos pais.

Esta equipe toda reunida com o propósito de avaliar, sem saber mesmo para que, se limita a informações vagas, teóricas, muitas vezes consistindo em *fofocas* e desejando concluir a tarefa o mais rápido possível, para sentir o alívio do dever cumprido.

Gostaríamos de esclarecer, ainda, que os arquivos de registros do Conselho são de uma aparência de causar inveja a muito profissional. Em certa ocasião, na qualidade de supervisora do sistema, fomos convidadas por uma escola para participar de um Conselho: se fosse qualificar o tédio que sentimos, não encontraríamos nenhum instrumento que revelasse a validade, fidedignidade e eficiência do processo. Por questões éticas nos silenciamos e só hoje colocamos em pauta o problema.

É preciso que fiquem bem claros e definidos os objetivos de cada Conselho. E que, como instrumento de avaliação, cumpra seus propósitos, e os educadores sua missão.

Para ver o aluno no grupo e de acordo com sua própria medida, considerando sua capacidade pessoal e seu esforço, é preciso pensar a avaliação como um procedimento referente não apenas ao aluno como indivíduo; é preciso levar em conta todo o processo escolar e em particular todos os aspectos do currículo.

É preciso:

1) Não rotular o aluno (o diamante bruto também tem seu valor), eliminar padrões preestabelecidos e promover condições para seu desenvolvimento.

2) Fazer observações concretas (cada professor confronta suas observações com as dos colegas).

3) Debater o aproveitamento de cada aluno e da classe como um todo, analisando as causas dos baixos ou altos rendimentos da turma.

4) Estabelecer o tipo de assistência especial para o aluno que não apresentou rendimento favorável.

5) Aperfeiçoar o trabalho diário do professor com o aluno, com subsídios emitidos pelo supervisor, pelo orientador educacional, pela direção, por trabalhos realizados, e por colegas.

6) Orientar o aluno de como e para que estudar.

7) Orientar o aluno para autoavaliar-se.

8) Analisar o currículo da escola em função de sua filosofia, desempenho do professor, rendimento da capacidade dos alunos, validade dos conteúdos trabalhados, equipamento e materiais disponíveis, grau em que estão sendo concretizados os objetivos (aspectos positivos, aspectos negativos).

9) Aferir a eficácia dos instrumentos utilizados pelos professores e em que aspectos precisam ser melhorados (material, estratégias de ensino, integração com a turma, integração dos alunos etc.).

10) Conscientizar o professor de que a autoavaliação contínua de seu trabalho, com vistas ao planejamento, promove a aprendizagem mais eficiente do aluno.

11) Através de parecer descritivo, permitir à família e ao aluno uma visão clara de seu desempenho.

Cremos que as recomendações expressas permitirão uma avaliação mais digna, humana e realmente inerente ao processo educativo.

Organização do Conselho de Classe

Em geral ocorre ao final de cada bimestre, mas isto vai depender das necessidades e/ou interesse da escola quanto aos diversos aspectos do rendimento escolar, além das disponibilidades de tempo previstas no calendário escolar (podendo ser semestral, anual) etc. Ex.:

Quando ?	*Com que propósito?*
Início do ano letivo	– Diagnosticar, esclarecer, planejar (visão geral).
1° conselho final de março/abril	– Diagnóstico da turma. – Alguns alunos em particular.
2° conselho maio/junho	– Acompanhamento (análise do crescimento dos alunos e da turma).
3° conselho agosto/setembro	– Prognóstico, previsão do trabalho a ser desenvolvido (recuperação preventiva).
4° conselho outubro/novembro	– Avaliação final (e/ou recuperação terapêutica).

Pré-conselho

Esclarece:

1) Dinâmica do funcionamento.

2) Atribuição de cada participante.

3) Finalidade de sua realização.

4) Uso de fichas de observação, objetivos e modelos (como sugestões para o trabalho do professor).

5) Critérios que poderão ser adotados e normas a serem observadas quanto à avaliação.

6) Diagnóstico da realidade.

7) Planejamento do trabalho (previsão).

1° conselho

Já tendo havido contato com a turma são diagnosticados:

1) rendimento individual e geral;

2) hábitos;

3) habilidades;

4) falhas no processo educacional;

5) desajustamentos;

6) prevenções necessárias;

7) correções necessárias;

8) seleção de recursos, meios e técnicas adequados.

Interpretação das causas com vistas ao crescimento do aluno, a partir do questionamento:

1) quais e quantos alunos apresentam dificuldades;

2) onde se localizam tais dificuldades (área);

3) por que ocorrem estas dificuldades;

4) quais medidas deverão ser providenciadas;

5) como podem ser prevenidas (implícita, encontra-se a autoavaliação do docente).

2° conselho

Retomada dos dados do 1° conselho e análise do crescimento do aluno em relação às possibilidades e dificuldades anteriormente detectadas.

Será analisada também a turma como um todo, além do trabalho do professor e atribuições da escola, em termos das realizações programadas e embasadas no diagnóstico.

3° conselho

1) Replanejamento.

2) Previsão do trabalho que precisa ser realizado para que os objetivos sejam plenamente atingidos.

3) Estabelecimento da recuperação preventiva.

4° conselho

1) Avaliação somativa (ou final).

2) Informar ao aluno (e/ou família) da possibilidade de prosseguir seus estudos na série subsequente.

3) Informar em que disciplinas o aluno precisa realizar recuperação terapêutica.

4) Informar da necessidade de o aluno refazer seus estudos no mesmo nível.

5) Levantamento de elementos que permitam caracterizar o rendimento da turma.

6) Avaliação de cada componente curricular. (Currículo é o conjunto de todas as atividades e experiências de aprendizagem previstas no regimento, plano global da escola e demais planos – área, disciplina, curso, unidade, aula – com o objetivo de atender às necessidades do aluno em termos educacionais, previstos pela efetivação do ensino-aprendizagem. O programa faz parte do currículo, mas por si só não o constitui.)

7) Avaliação do desempenho de todos os educadores envolvidos no processo educacional junto à escola.

8) Levantamento de dados para o planejamento do ano seguinte.

Por que Conselho de Classe

Porque:

1) favorece a integração entre os professores, aluno e família;

2) torna a avaliação mais dinâmica e compreensiva;

3) possibilita um desenvolvimento progressivo da tarefa educacional;

4) conscientiza o aluno de sua atuação;

5) considera as áreas afetiva, cognitiva e psicomotora;

6) a comunicação dos resultados é sigilosa e realizada pelo professor conselheiro, eleito pela turma;

7) os professores mais radicais, que tentam apresentar seus conceitos predeterminados, são ajudados pelos colegas a visualizarem o aluno como um todo e a terem uma concepção clara dos propósitos de uma avaliação formativa. São esclarecidos de que, se nos objetivos se propôs apenas identificar, comparar ou associar, eles não têm o direito de querer avaliar aplicação de conhecimentos. Que é preciso buscar instrumentos e critérios que permitam abranger os diferentes domínios do comportamento humano, em função do conhecimento. Em última análise, são informados de que os objetivos do ensino devem estar em consonância com os da avaliação. Concluindo, são conscientizados de que uma avaliação ampla, voltada mais para o desenvolvimento do que para o conhecimento, oferece melhores e maiores condições de motivação para uma aprendizagem eficiente, eficaz e duradoura.

Pré-teste

Raras vezes percebemos o uso de pré-teste por professores. Conforme diz o termo, é o preparo antecipado de um teste.

O objetivo é verificar de forma global os conhecimentos adquiridos por um aluno ou uma classe. Funciona como sondagem para estabelecimento de um diagnóstico da turma.

O pré-teste visa, também, averiguar os pré-requisitos dos alunos para o planejamento de uma nova unidade de trabalho.

Sua elaboração deve se constituir por uma amostra quantitativa e qualitativa dos conhecimentos, que o grupo deve ter sobre determinada aprendizagem, ou detectar o que é desconhecido e será trabalhado durante o semestre ou ano letivo.

O professor poderá usar o mesmo pré-teste como teste final, após o desenvolvimento das unidades previstas terem sido trabalhadas, o qual se denominará pós-teste.

É um instrumento bastante valioso para testar o progresso dos alunos e o grau de desenvolvimento atingido pela turma.

Autoavaliação

(Instrumento)

A autoavaliação é capaz de conduzir o aluno a uma modalidade de apreciação que se põe em prática durante a vida inteira.

Graças a ela os alunos adquirem uma capacidade cada vez maior de analisar suas próprias aptidões, atitudes, comportamento, pontos fortes, necessidades e êxito na consecução de propósitos. Eles desenvolvem sentimentos de responsabilidade pessoal ao apreciar a eficácia dos esforços individuais e de grupo. Aprendem a enfrentar corajosamente as competências necessárias em várias tarefas e a aquilatar suas próprias potencialidades e contribuições.

Seu papel em processos de grupo pode ser aclarado, quando aferem sua atenção individual por critérios desenvolvidos de modo cooperativo.

Uma vez que se espera do aluno a responsabilidade por sua própria aprendizagem, é importante que se considere que isto somente ocorrerá se ele tiver uma visão clara do que está tentando obter e de como está agindo a respeito. Quando o desejo de melhorar ocorre, como decorrência de suas percepções e análises, ocorrerão melhores condições para se aperfeiçoar.

Propiciar condições para ajudar o aluno a pensar sobre si mesmo e o que tem realizado, é prepará-lo para uma aprendizagem significativa na caminhada da vida.

Para que a autoavaliação tenha êxito é preciso que o professor acredite no aluno e ofereça condições favoráveis à aprendizagem, pois só assim este se sentirá seguro, confiante e manifestará autenticidade.

Quanto à forma, a autoavaliação poderá ser expressa livremente ou obedecendo critérios que podem ser registrados em fichas. Ex.:

FICHA DE AUTOAVALIAÇÃO

Escola:..

Aluno:..

Turma:..

Disciplina:...

Data:..

Assinale o desempenho que você considera correspondente ao seu comportamento:

Habilidade de saber ouvir	*Sim*	*Não*	*Às vezes*
Presto atenção à fala do professor.			
Respondo com prontidão às perguntas feitas em classe.			
Escuto a opinião dos colegas etc.			

Ou:

– No presente bimestre meu aproveitamento na área de *conhecimento* foi...

– Na área *afetiva* (hábitos de trabalho, atitudes para com o professor e colegas etc.) meu crescimento foi...

– Na área *psicomotora* decresci porque...

Avaliação cooperativa

Estimular o aluno a coletar evidências concretas de trabalhos e propiciar condições para que analise, juntamente com o grupo, o progresso obtido é aperfeiçoá-lo para uma convivência democrática no grupo e na sociedade.

A discussão em grupo é uma forma cooperativa de desenvolver habilidades mentais através de uma reflexão sistematizada.

Dentre outras vantagens oferece ao aluno individualmente e ao grupo o reconhecimento da colaboração de cada um, a satisfação por haverem exercido uma ação convergente na comunidade escolar, a conscientização do valor do exercício da atividade em comum.

Visto o caráter de subjetividade que envolve a avaliação, a avaliação conjunta, integrada, dá maior objetividade à mesma.

Quando vários professores registram os comportamentos observados em ocasiões diferentes, e trabalhando em conteúdos diversos conjuntamente analisam estes dados para formular um juízo a respeito, a avaliação ganha qualidade. Esta é a função do Conselho de Classe, mas em geral o que ocorre é cada professor trazendo seu conceito já pronto e comunicando aos colegas o resultado.

Os objetivos de uma área de estudo são os mesmos, mas cada professor trabalha de forma e com conteúdos diferentes para alcançá-los.

Além da cooperatividade na avaliação de cada área de estudo ou disciplina, deverá haver integração na avaliação do alcance dos objetivos da série. Assim, quando um aluno for considerado aprovado na série, este juízo deverá traduzir o alcance dos objetivos da série, cooperativamente traçados pela escola.

SUGESTÃO DE FICHA DE AVALIAÇÃO COOPERATIVA

Dados de identificação

Escola:...

Disciplina:................................ Turma:................................

Professor:...

Data:..

$$\boxed{\textit{Avaliação}}$$

Aspectos avaliados   *Componentes do grupo*

N Í V E I S — Ótimo = O / Muito Bom = MB / Bom = B / Regular = R / Insuficiente = I											
Contribuição ao trabalho do grupo											
Participação ativa nas discussões. Respeito às ideias do grupo.											
Capacidade de criticar com objetividade.											
Capacidade de receber críticas.											
Conceito geral.											

Nível do grupo   *Assinaturas*:

_____

_____

_____

_____

_____

Observação

É elemento fundamental no processo de avaliação. Fornece informações referentes à área cognitiva, afetiva e psicomotora do aluno.

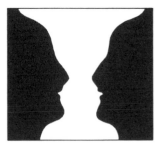

Uma taça, um perfil?

Uma girafa passando?

Ato de apreender as coisas e os elementos, seus atributos e as inter-relações que existem entre estas coisas e estes elementos.

Uma moça?
Uma velha?

Observação

> *O que é observação?*

É um processo ou uma técnica.

– Processo pelo fato de constituir-se no ato de apreender coisas e acontecimentos, comportamentos e atributos pessoais, e concretas inter-relações.

– Técnica por ser um meio ou modo organizado de ação, que se desenvolve para atingir fins específicos: modificações de campo, modificações de comportamento ou apreensão de dados (Lab. Ens. Superior, Fac. de Educ. 1978, p. 119).

A observação se constitui como:

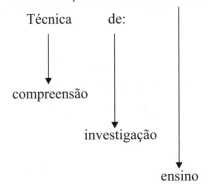

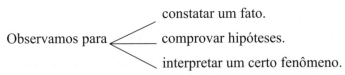

Pode ser considerada em duas dimensões:

1) *Como processo mental*: ato de apreender coisas e acontecimentos, comportamentos e atributos pessoais, e concretas inter-relações.

2) *Como técnica organizada*: é o meio de medir por descrição, classificação e ordenação.

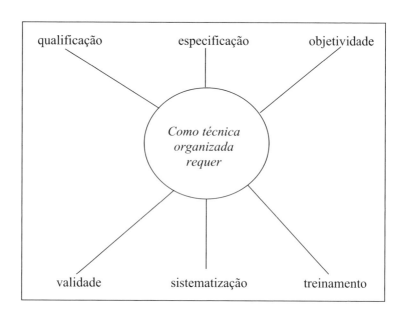

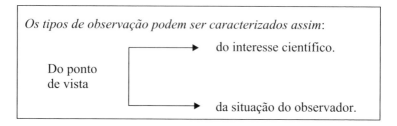

Do ponto de vista do interesse científico:

1) Observação ocasional ou não estruturada: decorre da apreensão de acontecimentos significativos, não previstos anteriormente.

   Pode haver um foco determinado por parte do observador. Não se utilizam instrumentos. Os dados são obtidos de forma não intencional.

2) Estrutura ou sistemática: é realizada com propósitos definidos e em condições controladas. Utilizam-se instrumentos para obtenção dos dados ou fatos observados. A coleta dos dados é obtida de forma intencional.

Segundo a ciência do comportamento, seis problemas determinam a observação sistemática:

1) Definição dos comportamentos a serem selecionados e realizados para obtenção das informações necessárias.

2) Definição das condições e estrutura da situação.

3) Evidências que apresentam os dados com a "unidade funcional" (processos, acontecimentos ou objetivos visualizados como tendo unidade, em virtude de esclarecer algumas características comuns) a serem observadas.

4) Organização de quadros de referência para interpretação dos dados em termos quantitativos.

5) Validade dos dados.

6) Verificação da viabilidade dos resultados obtidos a serem repetidos em condições semelhantes.

Do ponto de vista da situação do observador:

1) Observação participada ou ativa: prevê a participação do observador como elemento natural da própria situação; ou artificial: não pertence ao grupo, mas a ele se integra para fins de experiência.

2) Não participada: quando o observador não interfere e não toma parte na situação. O observador entra em contato com o fato observado mais como espectador do que ator.

Vantagens da observação:

1) É um método direto de estudar os fenômenos em sua variedade.

2) É objetiva, permitindo um registro fiel e mais exato de dados enquanto ocorrem.

3) Não requer cooperação por parte de quem é observado.

4) É específica, limitando-se a um número restrito de características a serem observadas durante um determinado período de tempo.

5) É sistemática, estabelecendo-se os períodos de observações, sua duração, número total, e a que intervalo eles se darão.

6) É quantitativa. A frequência com que os atos significantes ocorrem pode ser tomada como índice de extensão em que certos hábitos foram estabelecidos.

7) É planejada, limitando-se à finalidade dos dados coletados, definindo antecipadamente as características a serem observadas e desenvolvendo categorias elaboradas a fim de identificar o fenômeno, localizar e codificar o que foi observado.

8) É registrada, tanto quanto possível, imediatamente, a fim de evitar erros de memória ou serem perdidas coisas importantes.

9) É passível de comprovação pela repetição ou pela comparação com as observações de observadores competentes, eliminando-se a subjetividade.

10) É passível de verificação e controle, através de procedimentos para isolar a observação e procedimentos para compensar o erro.

Limitações da observação:

1) Há possibilidade de as pessoas deliberadamente criarem impressões desfavoráveis ou favoráveis.

2) Não aparecem no momento da observação as ocorrências previstas.

3) Há limitação de ocorrências pela sua duração, em períodos determinados de tempo.

Modalidades

Quanto aos meios
- Estruturada ou sistemática, (dirigida)
- Não estruturada, ocasionalmente, simples, (livre)

Quanto à participação
- Participada ou ativa.
- Não participada.

Quanto ao número
- Individual: um único observador.
- Em equipe ou coletiva: um grupo observa
  - um ou diferentes focos.
  - com um ou mais instrumentos.
  - num mesmo ou em momentos diferentes.

Quanto ao local
- Trabalho de campo
  - Fatos da vida diária observados tal como ocorrem, sem preparação das situações observadas.
- Laboratório
  - As situações são previamente planejadas e levadas artificialmente a ocorrer.

Fases da observação:

1) Percepção global do objeto.
2) Análise (decomposição do objeto em estudo).
3) Interpretação: O que foi visto?
4) Documentação: registro e relato.

O observador:

1) É o mediador entre a situação real e os dados observados.
2) A observação pode ser modificada em seu desenvolvimento (pela interferência direta do observador na situação real) e em seus conteúdos e resultados pela personalidade do observador e procedimentos que utilize.

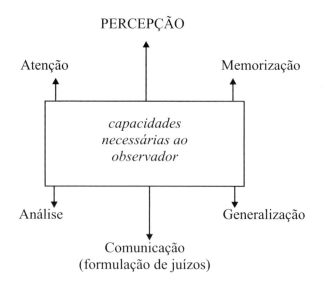

Alguns conselhos úteis ao observador:

1) Procurar ser objetivo.

2) Lembrar de incluir no plano dados como { data, local, atividade, realizada.

3) Não se comunicar com o observando.

4) Levar consigo roteiros para menor dispersão dos dados.

5) Observar o aluno em situações diferentes.

6) Registrar só os comportamentos expressivos (essencial).

7) Observar a conduta em sua totalidade.

8) Ser imparcial.

9) Considerar o nível de desenvolvimento do aluno.

10) Focalizar a atenção nos comportamentos apropriados.

11) Manter-se em posição discreta.

12) Observar com frequência.

Características de uma boa observação, segundo Daniel A. Prescott (1957):

1) Indicar o lugar e a situação na qual a ação ocorre (*setting*).

2) Descrever as ações do aluno, as reações de outras pessoas envolvidas e a resposta do aluno a estas reações.

3) Indicar o que é dito ao aluno e pelo aluno durante a ação.

4) Acrescentar as pistas do estado de ânimo (*mood*), gestos, qualidade da voz e expressões faciais que dão significado de como o aluno se sente. Não colocar interpretações de seus sentimentos, mas oferecer condições ao leitor para julgar o que ocorreu.

5) A descrição deve ser suficientemente extensa para cobrir o episódio. A ação não é deixada incompleta e inacabada (Lab. de Ens. Superior, URGS, p. 136).

Plano de observação (sugestão):

1) Definição dos objetivos
- Claros,
- simples,
- precisos.

2) Determinação do foco
- Estabelecimento do que vai ser observado.
- Identificação do problema a ser estudado.

3) Delimitação do campo
- Onde efetuar a observação.
- Quem observar.

4) Tempo e duração
- Recomenda-se que seja frequente e regularmente distribuída.
- Períodos mais longos conforme as condições.

5) Técnica de coleta dos dados
- Instrumentos mais comuns: anedotário, sistema de categorias, *check list*, escalas de avaliação.
- Registro, fichas de observação.

6) Téncica de documentação
- Relatório
  - Introdução,
  - planejamento,
  - corpo de informações e
  - conclusão.
- Tipos de relatório
  - Avaliação,
  - interpretação,
  - descrição geral e
  - descrição específica.

7) Avaliação
- Apreciação sobre os resultados alcançados.

Técnicas de observação:

> Constituem-se de instrumentos estandardizados ou elaborados pelo professor para serem utilizados no momento da observação ou posteriormente, para mensuração e interpretação de dados ou ainda para documentar os fatos observados.

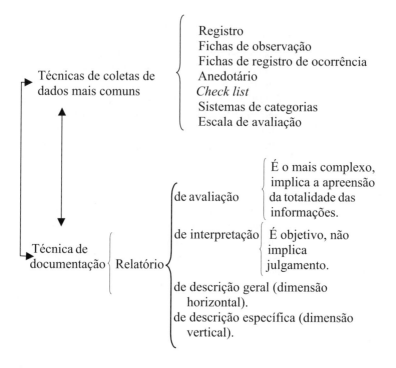

Instrumentos de observação:

Registro	Constitui-se pela anotação dos fatos observados, eliminando-se interpretações pessoais. É lícito o uso de meios mecânicos, como fotografias etc., pois permitem maior objetividade.

Fichas de observação	São utilizadas na observação dirigida. (O observador seleciona antecipadamente o conjunto de fatos a serem observados, utilizando-se de um roteiro ou questionamento.) São instrumentos elaborados prevendo determinados comportamentos ou características pessoais. Podem ser individuais ou coletivas.

Fichas de registro de ocorrência	Contêm espaço para grande número de observações. Dimensões menos particularizadas que fichas de observação. O registro é cumulativo. São aplicadas durante um longo período de tempo. Objetivo: obter uma descrição operacional do comportamento.

Anedotário	Constitui-se de uma descrição breve e objetiva de fatos, incidentes e acontecimentos significativos, tal como ocorrem. Registram-se os comportamentos não usuais ou comuns.

Exemplo:

Registro Anedótico

Data:...

Observador:...

Descrição do incidente (fato) – Maria acaba de receber sua prova com a nota máxima. Ao recebê-la, mostra-a para sua colega Iara, que recebera uma nota inferior. Iara vira-lhe as costas.

Comentário (interpretação) – Maria gosta de compartilhar seu sucesso; Iara não consegue evitar seus sentimentos menos nobres.

Lista de verificação ou Check list:

1) Permite o registro da presença ou ausência de uma característica ou fato.

2) É aconselhável para avaliação de comportamentos muito específicos, essenciais.

3) Exige definição objetiva de cada desempenho esperado.

4) É útil para coletar evidências previamente determinadas.

Exemplo

Comportamentos / Aluno	Colabora com o grupo	Apresenta sugestões	Ouve o colega
Sílvia	–	+	+
Ana	+	+	–
Mário	+	–	+
José	+	+	–

	Sim	Não
1) O aluno é pontual.	X	0
2) Trabalha em silêncio.	X	0
3) Colabora emprestando o material.	0	X
4) Fica isolado.	0	X
5) É cuidadoso com o material.	X	0

Sistemas de categorias:

1) "É uma formulação que descreve uma dada classe de fenômenos em que o comportamento observado pode ser codificado" (LES/URGS. *Planejamento e organização do ensino*. 1978, p. 124).

2) Constitui-se em duas ou mais categorias.

3) Prevê um quadro de referências.

4) Os sistemas de observação por categorias variam conforme suas dimensões que podem ser, por exemplo: a) De amplidão: todo comportamento observável fica classificado conforme uma das categorias de R. Bales (1949).

b) Dimensão de inferência: observa-se com dedução.

c) Número de dimensões: depende do quadro de referências estabelecido ou de categorias que descrevem comportamentos através de número apreciável de dimensões.

• Categorias discretas *versus* categorias contínuas (contínua, quando uma categoria tiver relação com a outra; discreta, quando estiver ao contrário).

• Dimensão de unidade: define-se como a quantidade de comportamento que é classificável dentro de uma categoria.

• Dimensão de aplicabilidade: define certos comportamentos num nível de generalização que permite sua aplicação numa variedade de situações.

Ex.: Sistema de Categorias de Bales

Segundo Bales, deve-se considerar na observação apenas o ato imediato. Pode-se considerar a quantidade de atos conforme cada indivíduo ou levar em consideração uma proporção de contagem no grupo como um todo.

A unidade de observação é a do comportamento a ser classificado e é dada pelo próprio sistema de categorias.

Sistema de Categorias de Bales para o registro de interação do grupo (R. Bales 1950)

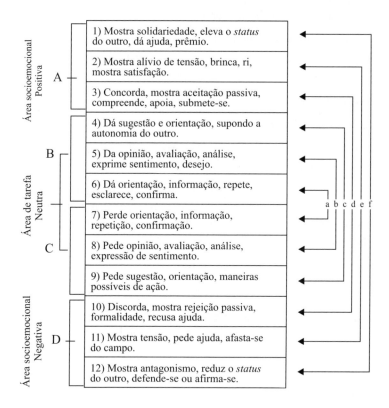

Escala de avaliação

As escalas de avaliação ou classificação são constituídas por um conjunto de características ou atributos a serem julgados e por algum tipo de escala para indicar o grau em que a característica ou atributo é avaliado.

Funções:

1) Observar aspectos definidos do comportamento.

2) Oferecer um quadro de referência, comparativo do aluno a um mesmo conjunto de características.

3) Julgamento adequado dos fatos.

4) Permitem avaliação do processo e produto da aprendizagem.

Tipos principais:

• *Escalas numéricas*

Consistem em apresentar números, assinalando as categorias, com uma base referencial.

O observador deverá marcar o número correspondente ao grau relacionado com a característica observada. A cada número corresponde uma descrição verbal constante de uma característica para outra.

Exemplos

A

Instrução (*chave*): Assinale o grau em que o aluno contribui para as atividades de aprendizagem em grupo, passando um traço sob o número apropriado.

1) Insatisfatório

2) Médio

3) Acima da média

1) Comportamento do aluno quanto à participação.

      1   2   3

2) Comportamento do aluno quanto à liderança.

      1   2   3

3) Comportamento do aluno quanto à docilidade na comunicação.

      1   2   3

Instrução (*chave*): Observação do comportamento do aluno em classe.

1 – Ótimo

2 – Regular

3 – Médio

4 – Abaixo dos padrões normais

Comportamento

Autocrático	1	2	3	4	Democrático
Organizado	1	2	3	4	Organizado
Dependente	1	2	3	4	Líder
Apático	1	2	3	4	Alerta

• *Escala de avaliação gráfica*

Constitui-se de uma linha horizontal ou vertical com uma *série* de categorias ao longo da mesma. O observador deverá assinalar o ponto que melhor identifica o comportamento observado. Ex.:

Quanto à organização do material o aluno é:

Pouco   Nada   Muito   Extremamente

• *Escala gráfica descritiva*

É semelhante à escala gráfica. A diferença é que ocorre mais clareza na discrição dos pontos principais. Ex.:

Instrução: Marcar com um x a característica que melhor indica o grau de aula.

É apático, dependente, nunca participa.	É líder, iniciador, responsivo.	Está sempre alerta, confiante, integrado, otimista.	É calmo, seguro, estimulador, original, carinhoso, determinado, adaptável.

Exemplo

Ficha de observação

Disciplina observada:..

Observador:...

Data:..

Horário – Início:........................... Término:..............................

Comportamentos evidenciados		*Nomes*									
		Cássio	*Silvia*								
Aspecto intelectual	Participa do trabalho de classe com interesse. Realiza todas as tarefas com lentidão. Resolve os exercícios e problemas sem auxílio do professor. Mantém atenção no trabalho. Apresenta clareza na expressão verbal etc.										
Aspecto emocional	É muito reservado. É apático. Apresenta desembaraço e responsabilidade. É natural nos gestos e risonho etc.										
Aspecto social	É pontual. É assíduo. É amistoso com professor e colegas. É líder. É participativo etc.										

Inquirição

> É perguntar e interrogar em busca de fatos relevantes.
>
> – Recurso de avaliação.
>
> Dentre os instrumentos de inquirição destacam-se:

Questionários ← Vantagens → *Entrevistas*	
– Num menor espaço de tempo, um maior número de pessoas podem participar. – Podem ser respondidos na ausência do solicitante. – Podem ser enviados pelo correio. – As informações obtidas por escrito permitem maior liberdade para as respostas, evitando-se interferência de terceiros. – O anonimato oferece maior liberdade para as propostas.	– Possibilitam a obtenção de dados de natureza complexa e afetiva, além de outras informações sobre comportamentos, julgamentos, opiniões etc. – Podem ser aplicadas em qualquer pessoa. – Permitem verificar as reações da pessoa. – Permitem esclarecimento de dúvidas. – Propiciam aceitação através do diálogo.

Instrumentos que propiciam

– Descrições verbais objetivas sobre dados específicos. Constituem-se em coleta de dados e informações significativas.

Elementos a serem observados na construção do questionário:

Construção

1) Determinar os objetivos.

2) Selecionar os itens (objetivos ou subjetivos).

3) Selecionar as informações.

4) Ordenar as informações e redigi-las em forma de questões.

5) Redigir as instruções.

6) Reproduzir o questionário.

Aplicação

1) Tabular as respostas.

2) Analisar os resultados (avaliar).

Observações:

1) Folha de rosto com as instruções e apresentando objetivos da investigação, justificativa, órgão ou departamento responsável, critérios de preenchimento etc.

2) Usar o bom-senso quanto à quantidade de itens.

– Usar um formato receptivo.

Tipos especiais de questionários:

A) Inventário: constitui-se de uma série de afirmações precedidas de um parêntese.

1) O aluno assinala as afirmações com as quais concorda.

2) Mostra a percepção do aluno acerca do seu próprio comportamento.

3) Pode ser utilizado como instrumento de autoavaliação.

4) Pode expressar, também, a intensidade ou frequência do comportamento.

Ex.:

a) Assinale com um X a afirmação com a qual concorda:

(   ) Fui assíduo.

(   ) Fui pontual na entrega dos trabalhos.

ou
b) Participa das atividades de classe:

☐ Ativamente ☐ Com alguma contribuição ☐ Não participei

Observação:

O inventário é semelhante à lista de checagem. Porém, nesta deve ser registrada a percepção de um observador.

B) Escalas de atitudes:

As escalas de atitudes são semelhantes aos inventários. Porém, seus itens são constituídos por especialistas e aplicados num grupo piloto, antes de serem apresentados na forma final e analisados estatisticamente, de forma a assegurar que a escala meça com segurança a atitude em questão.

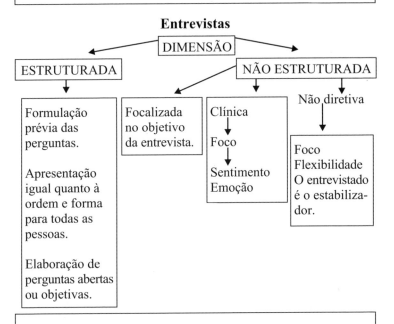

Elementos utilizados para construção da entrevista:

1) Seleção dos objetivos.

2) Explicitação da informação desejada.

3) Procurar conhecer elementos indicadores das credenciais do entrevistado.

4) Estabelecer um roteiro com as perguntas que pretende fazer ao entrevistado.

5) Estabelecer hora e local para a entrevista.

Observações:

1) A entrevista pode ser feita com um ou mais especialistas, bem como por um ou vários entrevistadores.

2) A entrevista pode ser feita por um grupo a um único elemento.

3) Aconselha-se um prazo de no mínimo 15 dias para contato com o entrevistado.

4) Deve-se propiciar um clima amistoso para que ocorra maior espontaneidade na entrevista e procurar mais ouvir do que falar, evitando interrupções.

5) Perguntar de forma clara, simples, objetiva.

6) Preparar o ambiente, tornando-o acolhedor.

7) Estabelecer um tempo-limite para evitar que a entrevista se torne cansativa.

Relatório

Conceitos

"– Exposição por escrito sobre as circunstâncias que está redigido um documento ou projeto, acompanhada dos argumentos que militam a favor ou contra a sua adoção;

– narrativa circunstanciada da vida duma agremiação ou empresa;

– descrição; narrativa."

(FONTINHA, Rodrigo. *Novo Dicionário da Língua Portuguesa*)

"Documento no qual se expõe, circunstancialmente, as atividades de uma ou mais organizações; também relata um determinado estudo, pesquisa, investigações policiais, mandadas proceder pela autoridade competente."

(VIEIRA, A.)

"É a exposição por escrito de ocorrência ou ocorrências, ou da execução de um ou mais serviços, acompanhada, quando preciso, de mapas, gráficos e gravuras."

(BELTRÃO, O.)

"... é o relato, mais ou menos minudente, que alguém faz por escrito, por ordem de autoridade superior ou no desempenho das funções que exerce."

(NEY, J.R.)

Finalidade

O relatório tem por finalidade informar, relatar, fornecer resultados, dados, experiências que permitam à autoridade competente constatar a realidade das atividades desenvolvidas pelos órgãos ou serviços pelos quais são responsáveis.

"Os relatórios existem, principalmente, para facilitar o exercício do controle administrativo por parte de quem o recebe."

(C.E. Redfield)

Apresentação de estudos e relatórios

1) Formato das folhas

Papel ofício (nos trabalhos datilografados e originais).

2) Escrita

Datilografado e somente num lado da folha.

3) Paginação e numeração

a) A numeração das páginas é a partir da primeira folha do trabalho (folha de rosto). Não se conta a capa.

b) Nas páginas do prefácio vão algarismos romanos e nas páginas comuns a numeração é feita com algarismos arábicos.

c) Não se põe número nas páginas iniciadas com um cabeçalho do capítulo ou seção, nem no sumário e introdução.

d) Os algarismos devem ser encontrados no alto das páginas.

e) A capa e/ou folha de rosto (página do título) deve conter os dados seguintes: título do trabalho, em letras verticais; curso, série; unidade de ensino; local e data (mês e ano).

4) Margens e espaços

a) O número de cada página deve ser escrito no centro da folha, a 2cm da borda superior.

b) Outros 2cm separam esse número da primeira linha do texto.

c) Margens laterais de 5cm à esquerda e de 2cm à direita.

d) A margem inferior da página deve ser de 2cm.

e) O texto deve ser escrito todo em espaço duplo, exceção feita das notas ao pé da página, que se escrevem em espaço simples.

f) Cada alínea (parágrafo) deve começar a 4 espaços (verticais) da anterior e 5 espaços (horizontais para dentro).

g) Cada novo capítulo ou seção deve abrir nova folha, com o cabeçalho ou título a 8cm da borda superior e o texto se iniciando a 5 espaços do cabeçalho.

5) Composição do trabalho

a) Em trabalhos menores (tarefas mensais, semanais) a estrutura será simples. Não há geralmente necessidade de títulos e cabeçalhos internos. Aconselha-se de qualquer forma a clássica tripartição – introdução, desenvolvimento e conclusão; e bibliografia – se houver consulta a fontes.

b) Em trabalhos de maior extensão e profundidade (monografias, teses) a estrutura será mais complexa: prefácio, sumário, lista de abreviaturas e sinais; lista de introduções e tabelas (se for o caso); introdução; corpo do trabalho (com sua divisão em capítulos, seções etc.); conclusão ou conclusões; bibliografia(s); índice remissivo.

6) Prefácio

a) Em trabalhos menores, o prefácio é indispensável; começa-se por uma rápida introdução do assunto.

b) Em trabalhos de maior importância, o prefácio é o lugar adequado a um breve histórico das origens do trabalho, características gerais da investigação, seu desenrolar, dificuldades etc. É uma abertura de consciência por parte do investigador. Concluirá com palavras de agradecimento às pessoas que, de uma maneira ou outra, contribuíram para a execução do trabalho.

7) Sumário

a) Sumário é a indicação das principais divisões do trabalho (capítulos, seções, partes), feita na mesma ordem em que nele se sucedem, e reportando às respectivas páginas.

b) O seu lugar é logo em seguida ao prefácio. Abrange tabelas, índices, introdução etc. (Há quem coloque logo no início, antes de qualquer texto).

c) Na sua apresentação deve-se observar:

- Escrita do cabeçalho em letras versais e devidamente centrado.

- Seus elementos: capítulos, seções, títulos, números devem estar devidamente centrados na folha e alinhados entre si.

- Os números dos capítulos em algarismos romanos seguidos de ponto ou hífen.

- Títulos dos capítulos em versais.

- Subtítulos (seções de capítulos) em redondo.

- Números (arábicos das páginas, ligados aos capítulos por pontinhos).

8) Estrutura do trabalho

a) Prefácio

b) Sumário

c) Lista de abreviaturas e sinais convencionais

d) Lista de ilustrações e tabelas

e) Introdução

f) Corpo do trabalho

- Capítulos

- Seções

g) Conclusão(ões)

h) Bibliografia

i) Anexos

j) Índice remissivo

9) Estrutura de um relatório simples

1ª Seção Apresentação	1) Cabeçalho	Data Origem Natureza Destinatário
	2) Objeto	Exposição resumida dos fatos (posição do problema).
2ª Seção Texto	1) Corpo (desenvolvimento)	1º Fatos (conjuntura: situação ou histórico) { Descrição ou desenvolvimento do objeto.
		2º Demonstração (tese e antítese ou vantagens desvantagens) { Apreciação e conclusão respectiva. Explicação e conclusão respectiva.
	2) Conclusão	Sugestões

10) Observações gerais para feitura de um relatório

a) Análise do problema:

- Quem lerá o relatório?
- Qual o propósito do relatório?
- Que objetivo pretende atingir?
- Qual o alcance do relatório?
- Para que se faz especificamente?
- Quanto tempo há para ele ser elaborado?
- Que diretrizes, instruções, normas etc. tenho que levar em consideração?

b) Planejamento do trabalho:

- Que classe de informações deve incluir: fatos, informações, resultados, conclusões, recomendações ou combinações delas?
- O que se conhece e o que se ignora dela?

- Quais são os elementos de maior importância e quais de menor?

- Que estudos prévios ou informes, relatórios etc. posso sugerir?

- Quem pode prestar ajuda?

- Que investigação devo praticar?

c) Investigação do problema:

- Os dados oferecem segurança?

- São completos?

- Os dados reunidos são suficientes para o estudo que se pretende realizar?

- Cobriram-se todas as fases?

- Quais são os fatores e os resultados mais importantes?

- Excedemos resultados dos dados?

- Deve ser realçada a importância dos dados, métodos, os resultados ou as conclusões?

- Requer, a natureza própria do informe, que todas as fases se apresentem em todos os detalhes?

d) Exposição do informe:

- Que ordem ou organização darei ao estudo para que cumpra melhor sua finalidade?

- Que nível e estilo requer para que seja compreendido pelos leitores?

- Em que forma posso ordenar o material reunido de maneira que possa economizar maior espaço de tempo aos leitores?

- Que forma especial convém imprimir para que responda mais adequadamente ao uso que faço dela?

- Requerer uma declaração de propósitos?

- A complexidade do informe requer uma tabela de conteúdo, um índice ou um resumo?

- Que dados específicos, exemplos, detalhes e ilustrações se requerem para alcançar maior clareza do informe?

- Que dados devem ser interpretados, explicados e aclarados?

- Que parte do informe importa ressaltar?

e) Organização do informe:

- Deve-se cumprir a organização acordada.

- Não devemos desperdiçar o tempo.

- Deve-se redigir o mais rapidamente possível, deixando para mais tarde a beleza e o depoimento, para não perder agilidade, força e brilhantismo.

- Deve-se trabalhar por partes, em períodos, se o trabalho for grande e complexo.

- Deve-se incluir tudo que pareça conveniente, ainda que mais tarde seja aconselhado a suprimir.

f) Controle do informe:

– Organização:

- O assunto, a matéria, resultou clara desde o início?

- Desperdiçou-se tempo no início do trabalho?

- O desenvolvimento foi feito por etapas?

- As relações entre uma etapa e a próxima estão claras?

- Deixa a conclusão ao leitor com o ponto de vista desejado?

– Conteúdo:

- É conteúdo bastante completo para a finalidade perseguida?

- Requer mais detalhes, exemplos, demonstrações ou ilustrações?

- Requerem os dados ou suposições maior número de explicações ou interpretações?

- Os pontos principais estão suficientemente claros e estudados?

– Forma:

- A forma adotada está suficientemente acessível às partes?

- Os começos e os fins de cada seção estão bem indicados?

- Os títulos são adequados e claramente especificados?

- A força adotada representa bem a coordenação e a subordinação do material?

- Necessito organizar modelos, tabelas de conteúdos, índices, resumo etc.?

– Estilo:

- O estilo adotado facilita a rapidez da leitura?

- Atinge o significado ou a significação exata?

- Está suficientemente claro o estudo para referir-se a ele posteriormente?

- Há algum desperdício, obra morta, material inútil que se deve retirar?

- São as frases diretas e efetivas?

- É correta a mecânica?

g) Modificação do estudo:

- Há necessidade de fazer trocas, edições ou supressões?

- Há necessidade de fazer alterações que procedem?

- Há necessidade de modificações estilísticas?

h) Preparação final:

- Utilizar o material normalizado.
- Deve ser preciso, cuidadoso e exato.
- Sobre o manuscrito final só podem ser admitidas pequenas emendas.

11) Dez condições que devem ser observadas para que um escrito seja lido

a) Fazer parágrafos breves: 16 a 20 palavras por frase.

b) Utilizar palavras, cláusulas e frases simples, em vez de complexas.

c) Utilizar palavras familiares e breves.

d) Suprir palavras desnecessárias e fazer com que cada palavra seja a que mais apropriadamente expresse a ideia.

e) Utilizar os verbos ativos, em vez dos passivos.

f) Para as ilustrações escolher assuntos, temas concretos que se refiram a coisas que se possam ver e tocar. Suprimir as abstratas.

g) Utilizar redação convencional.

h) Utilizar variedade de expressões, suprimindo formas monótonas. Deve-se redigir com vida e colorido.

i) Empregar uma redação familiar, comparando-se as novas ideias com ideias correntes e simples.

j) Escrever para expressar, não para impressionar. Recordando-se que os grandes homens utilizam palavras simples e que os homens medíocres usam palavras complicadas.

Plano de ação

Não existem receitas ideais e que deem resultados idênticos, nem mesmo aplicadas pela própria pessoa.

O professor é um educador, e não um doutrinador, segundo Sérgio Franco.

Consideramos muito interessante quando ele disse: "Queremos formar ou enformar (meter na forma) alunos?

Para bem avaliar é preciso acima e antes de tudo interpretar a realidade.

Os instrumentos existem. Vamos, pois, usá-los de acordo com as necessidades que se apresentarem.

O que pretendemos com este manual didático sobre avaliação é oferecer subsídios para que os educadores adquiram melhores condições de lidar com a realidade de seus alunos, e a partir desse conhecimento construam métodos e técnicas que os auxiliem na direção de uma pedagogia libertadora, que se fundamente no postulado: "o conhecimento se constrói na interação do sujeito com o objeto".

Portanto, o conhecimento surge da ação e consiste numa ação que se constitui de uma intenção. Esta ação pode ser prática ou mental (mental é prolongamento da prática).

É preciso admitir, também, que as interações organizadas pelo professor serão feitas com o meio físico e com os colegas, pois a verdadeira construção do saber se dá coletivamente.

A ação transformadora, libertadora se fundamentará na realidade interna e externa do aluno. Precisamos ver a criança real, seja ela rica ou pobre, carente ou harmoniosa.

Fundamentados no exposto, podemos elaborar nosso plano de ação, conforme o roteiro *O que vamos avaliar?*

1) conhecimento adquirido;

2) as descobertas que propiciamos aos alunos;

3) relacionamento;

4) capacidade de tomar decisões;

5) hábitos de trabalho, higiene, responsabilidade que adquiriram;

6) cooperação que manifestaram;

7) participação que tiveram;

8) criatividade.

Como?

Através de:

1) diagnóstico;

2) acompanhamento;

3) conclusões (somativas).

Realizadas por meio de:

1) observações;

2) inquirições (diálogos frequentes com o aluno e demais pessoas, colegas, pais) que com ela convivem;

3) registros;

4) boletins;

5) testes;

6) contratos extraclasse;

7) trabalhos;

8) provas práticas;

9) arguições orais, etc.

Quando?

Permanentemente. No início do ano, diariamente e no final do ano.

Com quem?

Com todos os envolvidos no processo de transformação: aluno, professor, pais, etc.

Utilizando como instrumento de registro:

1) boletim;

2) fichas;

3) controle de atuação geral;

4) controle de informações.

A manipulação dos dados se fará por:

1) tratamento estatístico;

2) comparação de observações;

3) análise de situações;

4) juízo crítico (parecer descritivo).

Quanto à tomada de decisões:

1) conceituação;

2) elaboração de pareceres;

3) plano de reorientação do ensino (incluindo: trabalhos a serem realizados, leituras que deverão ser feitas, obras que deverão ser lidas, exercícios que serão desenvolvidos, informações que se fazem necessárias), etc.;

4) anotações de observações nos documentos, fichários ou instrumentos.

Conclusão

O argumento de que a avaliação é para uso do professor, embora o objeto da avaliação seja o aluno, é absurdo. Seria o mesmo que condicionar alguém a viver conforme os padrões de outrem.

A quem cabe escolher o meu caminho? E o do aluno? O professor não é o dono da verdade nem do poder, embora possa muitas vezes impedir o aluno de autorrealizar-se.

Selecionar valores, construir seu mundo, confirmar suas escolhas e realizações é papel do agente da educação, o aluno.

Educar para a liberdade é função do professor; educar-se para ser livre é função do aluno, e isso só se concretiza na interação aluno x professor, aluno x aluno, aluno x conhecimento.

Avaliar é um ato de amor que nos conduz a novos e diferentes caminhos e realizações.

Queiramos ou não, a *avaliação* é uma potente arma que pode destruir ou construir.

Avaliação e aprendizagem são indissociáveis e pressupostos básicos para o sentido da vida.

Queremos deixar como mensagem e reflexão as palavras de Frederick Moffett, do Escritório de Supervisão Instrucional, Secretaria de Educação de Nova York, intitulada: *Como a criança aprende.*

> Assim é que a criança aprende, captando as habilidades pelos dedos das mãos e dos pés, para dentro de si. Absorvendo hábitos e atitudes dos que a rodeiam, empurrando e puxando o seu próprio mundo. Assim a criança aprende, mais por experiência do que por erro; mais por prazer do que pelo sofrimento; mais pela experiência do que pela sugestão e dissertação; e mais por sugestão do que por direção. E assim a criança aprende pela afeição, pelo amor, pela paciência, pela compreensão, por pertencer, por fazer e por ser.
>
> Dia a dia a criança passa a saber um pouco do que você sabe, um pouco mais do que você pensa e entende. Aquilo que você sonha e crê é, na verdade, o que essa criança está se tornando. Se você percebe confusa ou claramente, se pensa nebulosa ou agudamente, se acredita tola ou sabiamente, se sonha sem graça ou dourados, se você mente ou diz a verdade, é assim que a criança aprende.

Bilhete ao leitor

Este manual foi concebido como instrumento de sugestões alternativas. As soluções, o que deve ser feito, como deve ser feito, as respostas, a responsabilidade, a coragem para ser livre, para assumir, ninguém pode tirá-las de você.

É uma graça e um privilégio humano o dom da liberdade.

Lembre-se, porém: o mestre pode ser ponte, mas a travessia é feita pelo aluno...

Pela bondade em nos escutar, obrigada, e felicidades.

"Uma colega que preferiu o risco de fazer alguma coisa pelo próximo, ao invés de aceitar a opressão da crítica, do medo, acomodando-se à escravidão, que conceitua como sinônimo de morte."

A autora

Bibliografia

ANDER-EGG, Ezequiel (1976). *Introducción a las técnicas de investigación social.* Buenos Aires: Humanitas, 335 p.

BEAL, George M. et al. (1967). *Liderança e dinâmica de grupo.* Rio de Janeiro: Zahar.

BRIGGS, L.J. (1968). *El ordenamiento de secuencia en la instrucción.* México: Guadalupe, 133 p.

BUSCAGLIA, Leo (1982). *Autor de amor* – Vivendo, amando e aprendendo. 15. ed. Rio: Record.

CARRAHER, Terezinha (org.) (1989). *Aprender pensando*: contribuições da psicologia cognitiva para a educação. Petrópolis: Vozes.

CLAUS, Maria Rosa Almadoz (1980). *Programación y evaluación.* Lima: Aler-Isi-Freder.

CUNHA, M.A. Versiani (1973). *Didática fundamentada na teoria de Piaget* – A nova metodologia que veio revolucionar o ensino. Rio de Janeiro: Forense.

FRANCO, Sérgio Roberto Kieling (1991). *O construtivismo e a educação.* P. Velho: SAP.

FREIRE, Paulo (1976). *Educação e mudança.* Rio de Janeiro: Paz e Terra.

GANDIN, Danilo (1995). *Planejamento como prática educativa.* Petrópolis: Vozes.

GADOTTI, Moacir (1984). *Educação e poder*: introdução à pedagogia do conflito. São Paulo: Cortez.

GARRET, Annette (1964). *A entrevista, seus princípios e métodos.* Rio de Janeiro: Agir.

GRILLO, Marlene (s.d.). *Dimensão social do ensino*: *interação na sala de aula*. In: Sant'Anna, Flavia et al. *Ensino* – dimensões básicas. Porto Alegre: Sagra.

HARPER, Babette & CECCON, Claudius et al (1985). (Apresentação Paulo Freire) 19. ed. São Paulo: Brasiliense.

HOFFMANN, Jussara (1992). *Avaliação: Mito & Desafio* – Uma perspectiva construtiva. 4. ed. Porto Alegre: Educação e Realidade.

JUSTO, Henrique (1975). *Carl Rogers* – Teoria da aprendizagem centrada no aluno – Teoria da personalidade. Porto Alegre: Livraria S. Antônio.

LINDEMAN, Richard H. (1976). *Medidas educacionais.* P. Alegre, Globo, 175 p.

MAGER, Robert F. & PIPE, Peter (1976). *Análise de problemas de desempenho.* Porto Alegre: Globo.

_____ (1976). *Atitudes favoráveis ao ensino.* Globo.

MARQUES, J.C. (1976). *A aula como processo.* Porto Alegre: Globo, 222 p.

MEDEIROS, Ethel Bouzer (1986). *Provas objetivas, discursivas, orais e práticas* – Técnicas de construção. 8. ed. Rio de Janeiro: Fundação Getúlio Vargas.

MENEGOLLA, M. & SANT'ANNA, I.M. (1992). *Por que planejar? Como planejar.* Petrópolis: Vozes.

NOLL, Victor H. (1965). *Introdução às medidas educacionais.* São Paulo: Pioneira.

PARRA, Nélio (1978). *Ensino individualizado* – Programas e materiais. São Paulo: Saraiva, 85 p.

PIAGET, J. (1967). *Seis estudos de psicologia.* Rio de Janeiro: Forense. *Revista Nova Escola* – 1989, n. 30. Brincando e Aprendendo.

SAUL, Ana Maria (1988). *Avaliação emancipatória*: desafio à teoria e prática de avaliação e reformulação de currículo. São Paulo: Cortez.

UNIV. FED. DO RIO GRANDE DO SUL (1974). Faculdade de Educação, Laboratório de Ensino Superior. *Planejamento e organização do ensino*: um manual programado para treinamento de professor universitário. Porto Alegre: Globo.

WEIL, Pierre (1997). *A criança, o lar e a escola*. 17. ed. Petrópolis: Vozes.

Conecte-se conosco:

 facebook.com/editoravozes

 @editoravozes

 @editora_vozes

 youtube.com/editoravozes

 +55 24 2233-9033

www.vozes.com.br

Conheça nossas lojas:

www.livrariavozes.com.br

Belo Horizonte – Brasília – Campinas – Cuiabá – Curitiba
Fortaleza – Juiz de Fora – Petrópolis – Recife – São Paulo

EDITORA VOZES LTDA.
Rua Frei Luís, 100 – Centro – Cep 25689-900 – Petrópolis, RJ
Tel.: (24) 2233-9000 – E-mail: vendas@vozes.com.br